KB275962

WORLD KNOWLEDGE SERIES 02

있어 보이는 척하기 좋은 인간 매뉴얼

세계 척학전집

훔친 심리학 편

이클립스 지음

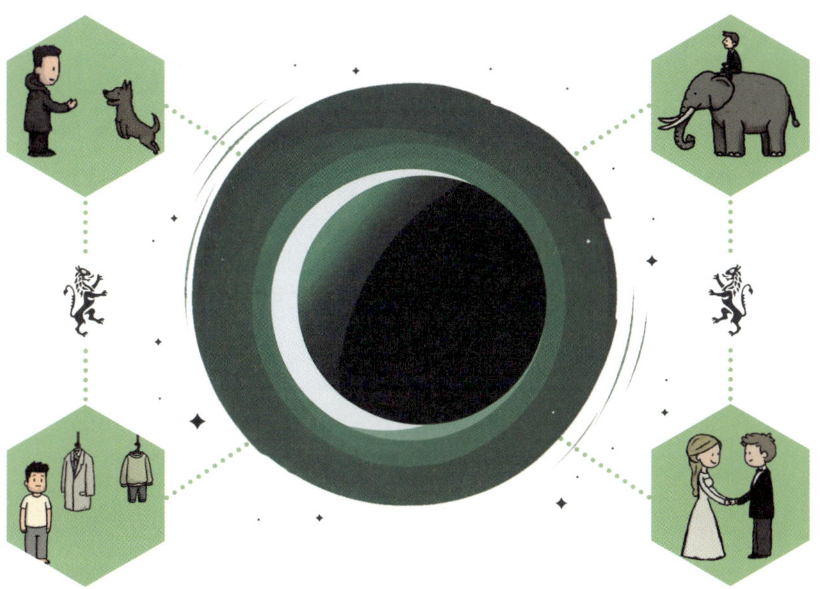

모티브

당신은 당신을 모른다

당신은 당신을 모른다. 사실 그게 당연할지도 모른다. 누구도 당신에 대해서 가르쳐주지 않았으니까. 학교에선 수학과 역사를 배웠다. 과학을 배웠고. 하지만 가장 중요한 것, 자기 자신에 대해서는 아무도 가르쳐주지 않았다. 우리는 사용 설명서 없이 수십 년을 살아온 것이다. 그래도 이 사실을 믿기 어려운가? 증명해 보겠다.

오늘 아침 왜 그 옷을 골랐는가? 손에 잡혀서 골랐다고? 왜 그게 손에 잡혔는가? 옷장에는 다른 옷도 있었다. 왜 하필 그것인가? 누군가를 만날 예정이어서? 어제 기분이 안 좋아서? 무의식적으로 피하고 싶은 이미지가 있어서? 모를 것이다. 사실 생각해 본 적 없을 것이다. 지금 왜 이 글을 읽고 있는가? "끌려서." "재밌어 보여서." 그렇다면 왜 끌렸는가? 수천 권의 책 중에 왜 하필 척학전집인가? 제목 때문에? 왜 그 제목에 반응했는가? 모를 것이다. 당신의 하루는 "모른다"로 가득 차 있다. 다만 뇌가 그럴듯한 이유를 즉석에서 만들어 내기 때문에, 모른다는 사실조차 모를 뿐이다.

더 큰 것을 보자. 당신의 직업을 떠올려 보라. 왜 그 일을 하는가? "좋아서." 정말? 언제부터 좋았는가? 처음부터? 아니면 어느 순간 "이게 내 길"이라고 믿게 된 것인가? 부모의 기대, 우연한 성공, 다른 길에서의 실패. 그 모든 것을 빼고 남는 "순수한 내 선택"이 과연 얼마나 되는가? 당신의 사랑. 왜 그 사람인가? "끌려서." "운명 같았다." 심리학자 보울비는 발견했다. 우리가 사랑하는 방식은 생후 2년 안에 결정된다고. 회피하는 사람에게 끌리는 사람이 있다. 왜? 어린 시절 엄마가 그랬기 때문이다. 가까이 가면 멀어지고, 멀어지면 다시 가까워지던 그 패턴. 그것이 "사랑"으로 각인됐다. 안정적인 사람은 오히려 심심하게 느껴진다. "설렘이 없어." 그 설렘의 정체가 불안이라는 것도 모른 채.

당신의 분노. 왜 그 순간 폭발했는가? "그 사람이 선을 넘어서." 정말? 같은 말을 다른 사람이 했어도 그랬을까? 컨디션이 좋은 날이었어도? 왜 하필 그 순간, 그 사람에게, 그 강도로 화를 냈을까? 모른다. 우리는 정말로 모른다.

그래서 대부분의 사람들은 여기서 멈춘다. MBTI는 좋아한다. "나는 INTP야." 가볍고, 재밌고, 대화 소재가 된다. 내가 믿는 "나"를 위협하지 않는다. 진짜 심리학은 다르다. 융은 말한다. 당신 안에 당신이 부정하는 또 다른 당신이 있다고. 아들러는 말한다. 당신의 모든 행동 뒤에 열등감이 숨어 있다고. 보울비는 말한다. 당신의 사랑은 두 살 때 이미 결정됐다고. 불편하다. 내가 믿던 "나"가 흔들린다.

하지만 역설이 있다. 그 흔들림을 견딘 사람만이 더 강해진다. 원인을 모르면 반복한다. "왜 나는 맨날 이러지?" 답이 없다. 원인을 알면 바꿀 수 있다. "이건 내 애착 패턴이구나." "이건 방어기제가 작동하는 거구나."처럼 이름을 붙일 수 있으면 다룰 수 있다. 심리학을 안다는 것은 운명을 선택으로 바꾸는 것이다.

답이 있다. 심리학자들이 150년간 검증한 답이. 당신만 아직 모를 뿐이다. 이 책은 그 답이다. 한 가지 경고. 읽고 나면 돌아갈 수 없다. 타인이 다르게 보인다. 그들의 말 뒤에 숨은 욕구가 읽힌다. 자신도 다르게 보인다. "아, 지금 내가 회피하고 있구나." "이건 어린 시절 패턴이 반복되는 거구나." 반복하던 실수가 멈춘다. 이해할 수 없던 감정이 설명된다.

물론 이 책이 필요 없는 사람도 있다. 같은 실수를 반복하지 않는 사람. 자신이 왜 화나는지, 왜 끌리는지, 왜 두려운지 정확히 아는 사람. 관계에서 늘 원하는 것을 얻는 사람. 그런 사람은 덮어도 좋다. 하지만 가끔이라도 이런 생각이 든 적 있다면, "왜 나는 맨날 이럴까." "왜 그 말에 그렇게 화가 났을까." "왜 나는 이런 사람에게만 끌릴까." "왜 저 사람은 저렇게 행동하는 걸까." 라는 생각이 들었다면, MBTI로는 부족하다. MBTI는 일종의 라벨이다. 하지만 라벨은 설명이 아니다. "나는 I라서 내향적이야."는 답이 아니다. 왜 내향적이 됐는지, 그것이 어디서 왔는지, 바꿀 수 있는지 없는지. MBTI는 말해주지 않는다.

이 책은 말해준다.

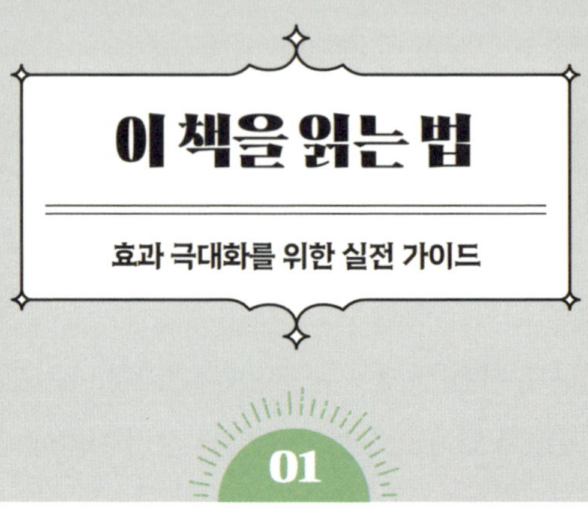

01

당신의 읽기 스타일을 선택하라

이 책은 두 가지 방식으로 읽을 수 있다.

순차적 독서

Part 1 → Part 2 → Part 3 순서로 읽어라. 각 파트는 이전 파트의 토대 위에 있다. "나를 다루는 법"을 먼저 익혀야, "타인을 다루는 법"이 제대로 작동한다. 자신의 그림자를 인식하지 못하면 타인의 행동도 제대로 읽을 수 없다. 융이 나를 보는 법을 가르치면, 치알디니가 그것을 타인에게 적용하는 법을 알려준다. 처음부터 끝까지 읽으면, 당신의 인간 이해는 단계적으로 진화한다.

문제중심 독서 추천

지금 당신을 괴롭히는 문제부터 시작하라. 목차를 천천히 읽어라. "미워하는 타인은 숨긴 나 자신이다." "감정이 결정하고 이성은 변명한다." "왜 사람들은 거절하지 못하는가." "왜 나의 선택은 늘 비슷한 실수를 반복하는가." 어떤 문장이 가슴을 찌르는가? 거기서 시작하라. 각 장은 독립적으로 완결된다. 융을 건너뛰고 카너먼으로 들어가도 된다. 어떤 방식을 선택하든 상관없다. 중요한 것은 읽는 것이 아니라 생각하는 것이다.

긴 여정의 첫 발

이 책은 세계척학전집 시리즈의 첫 번째 문이다.

철학이 "어떻게 생각할 것인가"를 가르쳤다면, 심리학은 "인간은 실제로 어떻게 작동하는가"를 밝힌다. 다음에는 사회학이, 그다음에는 게임이론이 기다린다. 인간과 세상을 이해하는 모든 학문을 당신의 언어로 재구성하는 긴 여정이다. 각 시리즈는 독립적이면서도 연결된다. 철학이 질문을 던지면, 심리학이 인간을 해독하고, 사회학이 구조를 보여주고, 게임이론이 선택을 분석하고, 동기부여가 행동을 이끈다.

심리학이 두 번째인 이유는 명확하다. 생각하는 법을 배웠으면, 이제 인간을 읽는 법을 배워야 한다. 데카르트가 모든 것을 의심하라고 가르쳤다면, 융은 말한다. "당신이 의심해야 할 첫 번째 대상은 당신 자신이다." 철학이 사유의 도구였다면, 심리학은 인간 이해의 매뉴얼이다. 두 번째 책을 펼쳤다면, 여정은 이미 진행되고 있다.

매뉴얼처럼 사용하라

이 책은 인간의 작동 원리에 대한 세 파트로 구성되어 있다.

Part 1. Self Manual — 당신이 왜 그런 선택을 했는지 모를 때 펼쳐라.
Part 2. Human Manual — 타인의 행동이 이해되지 않을 때 펼쳐라.
Part 3. Decision Manual — 중요한 결정 앞에서 펼쳐라.

이전 책의 철학이 당신의 사유 체계를 재구성했다면, 심리학은 당신의 일상에서 즉시 작동한다. 회사에서, 연애에서, 협상에서, 선택의 순간에 활용할 수 있다. 이 책은 장식이 아니라 도구다. 필요할 때 꺼내 써라.

Insight 박스를 놓치지 마라

각 챕터 곳곳에 Insight 박스가 있다. 여기에는 실전 적용법이 담겨 있다.

본문은 "이해"를 위한 것이고, Insight는 "사용"을 위한 것이다. 융 챕터를 읽으면서 "최근 당신을 강하게 자극한 사람"을 떠올려라. 카너먼 챕터를 읽으면서 "오늘 뇌가 실수했던 순간"을 복기하라. 탈러 챕터를 읽으면서 "당신의 환경을 어떻게 재설계할지" 메모하라. 읽고 덮지 마라. 읽고 적용하라.

15분만 읽고, 한 달을 관찰하라

한 챕터는 15분이면 읽지만, 그 15분이 한 달의 사유를 연다.

융의 그림자를 읽었다면, 한 달 동안 "내가 유독 싫어하는 사람"을 관찰하라. 치알디니의 6가지 무기를 읽었다면, 한 달 동안 "누가 나를 설득하려 할 때" 어떤 무기를 쓰는지 보라. 칙센트미하이의 몰입을 읽었다면, 한 달 동안 "언제 몰입하고 언제 지루한지" 기록하라. 심리학도 축적이다. 오늘 하나, 내일 하나 적용하다 보면 1년 후 당신은 완전히 다른 사람이 되어 있을 것이다.

인간을 읽는 사람이,
인간을 읽으려는 사람에게

"눈을 감아야 보이는 것이 있다"

— 이클립스 —

CONTENTS

PART 1

Self Manual
나를 다루는 법

⊰ **PART 2** ⊱

Human Manual
타인을 다루는 법

⊰ **PART 3** ⊱

Decision Manual
선택을 설계하는 법

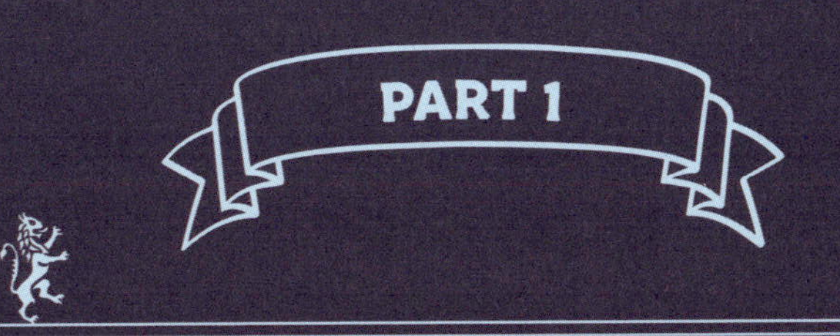

Self Manual

나를 다루는 법

융의 그림자

미워하는 타인은 숨긴 나 자신이다

01

Carl Gustav Jung

융의 심리학을 안다는 것은 '그림자' 개념을 외우는 게 아니다.
융처럼 자신을 관찰하는 법을 체득하는 것이다.

이유 없이 싫은 사람

....

회사에 신입이 들어왔다. 똑똑하고, 자신감 넘치고, 회의 때마다 적극적으로 발언한다. 객관적으로 나쁠 게 없다. 그런데 이상하게 거슬린다.

"저 사람, 왜 저렇게 나대지?" 옆 동료에게 슬쩍 말한다. 동료는 고개를 갸웃한다. "그래? 난 괜찮던데. 그냥 열정적인 거 아냐?" 이상하다. 다른 사람들은 별로 신경 쓰지 않는다. 나만 유독 불편하다. 왜일까? 며칠 후, 그 신입이 상사에게 칭찬받는 걸 본다. 속이 뒤틀린다. "운이 좋았네." 스스로 중얼거린다. 하지만 마음 한구석이 찝찝하다. 내가 왜 이러지? 칼 융이라면 이렇게 말했을 것이다.

"당신이 그토록 싫어하는 것은 그 사람이 아니다. 당신이 숨긴
당신 자신이다."

융, 어둠 속의 나를 발견하다

....

칼 구스타프 융은 스위스의 정신의학자였다. 프로이트의 제자로
시작했지만, 결국 결별하고 독자적인 심리학 체계를 만들었다. 프로
이트가 무의식을 억압된 욕망의 창고 정도로 봤다면, 융은 더 넓게
봤다. 무의식은 단순한 쓰레기통이 아니다. 거기엔 우리가 될 수 있
었던 모든 가능성이 잠들어 있다. 그리고 그중 가장 중요한 것이 '그
림자 Shadow'다.

"그림자는 전체 자아-인격에 도전하는 도덕적 문제이다. 왜냐하
면 상당한 도덕적 노력 없이는 누구도 그림자를 의식할 수 없기
때문이다. 그림자를 의식하는 것은 인격의 어두운 측면을 현존

하는 것이자 실재하는 것으로 인식하는 것을 포함한다. 이 행위
는 모든 종류의 자기인식을 위한 본질적 조건이다."

—『아이온』

그림자는 내가 '아닌 척'하는 나다. 어린 시절을 떠올려보라. "착
한 아이가 되어라", "화내면 안 된다", "잘난 척하면 미움받는다." 우리
는 수없이 많은 메시지를 받으며 자랐다. 그래서 자신의 일부를 잘
라냈다. 분노, 질투, 야망, 이기심, 성적 욕구. "이건 나답지 않아"라고
규정하고 의식 밖으로 밀어냈다. 하지만 그것들은 사라지지 않았다.
마음의 지하실에 갇혔을 뿐이다. 융은 이 지하실에 갇힌 존재를 '그
림자'라고 명명했다.

그림자의 탄생

....

그림자는 어떻게 만들어지는가? 아이는 원래 모든 것을 가지고
태어난다. 기쁨도, 분노도, 호기심도, 공격성도. 하지만 세상은 전부
를 허용하지 않는다. 다섯 살 아이가 동생을 때리면, 엄마가 소리친
다. "이런 행동은 나빠! 동생을 때리면 어떡해!" 아이는 배운다. '공격
성은 나쁜 것이다. 나는 공격적이면 안 된다.'

열 살 아이가 발표 시간에 자신 있게 손을 들었다. 친구들이 킥킥 댄다. "쟤 또 잘난 척해." 아이는 배운다. '나서면 미움받는다. 나는 조용히 있어야 한다.' 스무 살 청년이 성공하고 싶다고 말했다. 누군가 비웃는다. "돈밖에 모르냐. 속물이네." 청년은 배운다. '야망은 부끄러운 것이다.' 이렇게 하나씩, 자기 자신의 조각들을 그림자 속에 던진다. 그리고 의식 위에는 '괜찮은 나'만 남긴다. 착하고, 겸손하고, 욕심 없는 나. 문제는 그림자에 던져진 것들이 죽지 않는다는 것이다. 살아 있고, 종종 탈출구를 찾는다.

투사: 그림자가 튀어나오는 순간

. . . .

그림자는 어떻게 드러나는가? 융은 그 방식을 '투사Projection'라고 불렀다. 투사는 무의식적으로 일어나는 심리 메커니즘이다. 내 안에 있지만 인정하지 못한 것이 밖으로 튀어나가, 마치 타인이 가진 특성처럼 보이는 현상이다. 영화관에서 영사기가 스크린에 영상을 비추듯, 우리는 자신의 내면을 타인이라는 스크린에 비춘다.

"엄밀히 말하면, 투사는 만들어지는 것이 아니다. 그것은 일어난다. 그냥 거기에 있다. 내 외부의 어떤 어둠 속에서 나는 발견한다."

— 『심리학과 연금술』

융의 말처럼, 투사는 의도적으로 행해지는 행동이 아니다. 당신이 선택해서 하는 것도 아니다. 무의식이 자동으로 작동한 결과다. 또 융은 말한다. 우리가 타인에게서 보고 있다고 믿는 많은 것들은, 실은 내가 보지 않으려 했던 나의 일부일 수 있다. 특히 이유를 설명하기 어려운 강렬한 감정 반응이 동반될 때, 그 가능성은 더욱 커진다. 다시 신입 사원으로 돌아가보자. 당신은 왜 그가 그토록 거슬리는가?

- 가능성 1: 당신도 사실 적극적으로 발언하고 싶다. 하지만 어린 시절 "나서지 마라"는 메시지를 받았다. 그래서 그 욕구를 억눌렀다. 그런데 저 신입은 거리낌 없이 나선다. 당신이 포기했던 것을 저 동료는 누리고 있다. 질투? 아니, 그보다 깊다. 당신의 그림자가 저 사람에게서 보이는 것이다.

- 가능성 2: 당신은 "겸손해야 한다"고 배웠다. 자신감은 건방짐이라고 배웠다. 그래서 자신감을 그림자에 던졌다. 그런데 저 신입은 당당하다. 당신이 금지한 것을 저 사람은 허용하고 있다. 그래서 불편하다.

융의 이론에 따르면, 이유 없이 강렬하게 싫은 것은 대개 내 그림자다. 반대로 이유 없이 강렬하게 끌리는 것도 그림자일 수 있다. 내가 억누른 야망, 자유로움, 반항심. 그것을 가진 사람에게 묘하게 끌린다. 팬심의 상당 부분은 투사다.

그림자의 목록

....

그림자는 사람마다 다르다. 어떤 사람의 그림자는 분노이고, 어떤 사람의 그림자는 게으름이다. 각자 무엇을 억압했느냐에 따라 달라진다. 흔한 그림자들을 나열해보자.

분노

"화내면 안 돼." 착한 아이로 자란 사람들의 그림자. 이들은 화를 내는 사람을 극도로 싫어한다. "저렇게 감정 조절을 못하다니." 하지만 사실 본인 안에도 분노가 가득하다. 다만 인정하지 않을 뿐이다.

이기심

"다른 사람을 먼저 생각해." 희생을 미덕으로 배운 사람들의 그림자. 이들은 자기 이익을 챙기는 사람을 경멸한다. "저렇게 이기적이라니." 하지만 본인도 사실 자기 욕구가 있다. 다만 죄책감 때문에 억누를 뿐이다.

야망

"겸손해야 해." 성공 욕구를 부끄러워하는 사람들의 그림자. 이들은 야심 있는 사람을 속물로 본다. "저 사람은 출세밖에 몰라." 하지만 본인도 인정받고 싶고, 성공하고 싶다. 다만 드러내지 못할 뿐이다.

성적 욕구

"순결해야 해." 성을 죄악시하는 환경에서 자란 사람들의 그림자. 이들은 성적으로 자유로운 사람을 혐오한다. 하지만 본인의 무의식에도 같은 욕구가 있다.

게으름

"부지런해야 해." 열심히 사는 것만이 가치 있다고 배운 사람들의 그림자. 이들은 느긋한 사람을 한심하게 본다. "저렇게 살아서 뭐가 되겠어." 하지만 본인도 사실 쉬고 싶고, 아무것도 안 하고 싶을 때가 있다.

융은 말한다. 그림자 자체는 악이 아니다. 분노도, 이기심도, 야망도 인간의 자연스러운 일부다. 문제는 그것을 부정하고 억압할 때 발생한다.

억압의 대가

....

그림자를 억누르면 무슨 일이 벌어지는가?

첫째, 에너지가 소모된다.

무언가를 억누르는 데는 힘이 든다. 분노를 참는 데 에너지가, 욕구를 숨기는 데 에너지가, 진짜 감정을 가리는 데 에너지가 필요하다. 그림자가 클수록 더 많은 에너지가 억압에 쓰인다. 그래서 이유 없이 피곤하다. 무기력하다. 삶이 뭔가 힘들다.

둘째, 엉뚱한 곳에서 폭발한다.

억압된 것은 결국 새어 나온다. 평소 화를 안 내던 사람이 어느 날 사소한 일에 폭발한다. 본인도 놀란다. "내가 왜 이러지?" 사실은 수년간 억눌린 분노가 한꺼번에 터진 것이다. 그림자는 무시할수록 커지고, 커질수록 통제가 어려워진다.

셋째, 타인에게 투사된다.

앞서 말했듯이, 억압된 그림자는 타인에게서 보인다. 그리고 그 사람을 공격한다. 내가 억누른 것을 저 사람은 당당히 표현하니까. 그래서 이유 없는 갈등이 생긴다. 직장에서, 가정에서, 관계에서.

넷째, 몸에 나타난다.

융은 "무의식을 의식화하지 않으면, 그것은 운명이 되어 돌아온다"고 말했다. 현대 심리학과 의학은 이를 '심신 증상'으로 설명한다. 억압된 감정이 두통, 소화불량, 만성 피로, 면역 저하로 나타난다. 말하지 못한 것을 몸이 대신 말하는 것이다.

INSIGHT

최근 이유 없이 피곤하거나, 사소한 일에 과하게 반응했다면, 억압하고 있는 것이 없는지 점검하라. "요즘 내가 참고 있는 게 뭐지?" 그것을 인식하는 것만으로도 압력이 줄어든다.

그림자 통합: 어둠과 악수하기

....

융의 해결책은 무엇인가? 그림자를 없애는 게 아니다. 그것은 불가능하다. 해결책은 '통합^{Integration}'이다.

"통찰과 선의를 가지면, 그림자는 어느 정도까지 의식적 인격 속
으로 동화될 수 있다."

— 『아이온』

통합이란 그림자를 인정하고, 받아들이고, 의식 안으로 데려오
는 것이다.

- "나는 화가 난다." 인정한다.
- "나도 이기적인 면이 있다." 인정한다.
- "나도 성공하고 싶고, 인정받고 싶다." 인정한다.

이것은 방종이 아니다. 인정한다고 해서 아무렇게나 행동하라는
게 아니다. 다만 그것이 '나의 일부'라는 것을 받아들이라는 것이다.

역설적인 일이 벌어진다. 인정하는 순간, 그것의 힘이 약해진다. 분노를 인정하면, 분노에 휩쓸리지 않게 된다. 왜? 숨겨야 할 것이 아니니까. 봐도 되니까. 보이면 다룰 수 있으니까. 반대로 "나는 절대 화내지 않아"라고 부정하면, 분노는 점점 커진다. 보이지 않는 곳에서 힘을 키운다. 그리고 통제를 벗어난다. 융의 사상을 빌리면, 그림자는 야생 동물과 같다. 무시하면 배가 고파지고, 배가 고프면 사나워진다. 하지만 인정하고 먹이를 주면, 길들일 수 있다. 완전히 없앨 수는 없지만, 함께 살 수는 있다.

실전: 관계에서의 그림자

....

그림자는 친밀한 관계에서 가장 극명하게 나타난다. 결혼 10년 차 부부가 있다. 아내는 남편에게 불만이 많다. "당신은 너무 이기적이야. 맨날 자기 할 일만 하고, 가족한테 신경을 안 써." 남편은 반박한다. "난 먹고살려고 일하는 거야. 이기적인 게 아니라 책임감 있는 거지." 둘 다 틀리지 않았다. 하지만 융의 렌즈로 보면 다른 그림이 보인다. 아내는 왜 남편의 '이기심'에 그토록 민감한가? 혹시 아내 자신도 이기적이고 싶은 건 아닐까? 가족을 위해 희생하면서, 사실은 "나도 내 시간 갖고 싶어, 나도 내 일 하고 싶어"라는 욕구를 억누르고 있는 건 아닐까? 그 억압된 욕구가 남편에게 투사된다. 남편이 '자기 시간'을 갖는 게 그토록 화나는 이유는, 자신은 그것을 금지했기 때문이다.

　해결책은 뭘까? 남편을 바꾸는 게 아니다. 자신의 그림자를 인정하는 것이다. "나도 사실 내 시간이 필요해. 나도 좀 이기적이어도 괜찮아." 이 인정이 이루어지면, 남편에 대한 분노가 줄어든다. 왜? 투사할 이유가 없어지니까. 더 이상 남편을 통해 자기 그림자를 공격할 필요가 없으니까.

파트너, 가족, 가까운 친구에게 반복적으로 느끼는 불만이 있다면, 그것이 혹시 당신 자신의 억압된 부분은 아닌지 점검하라. "내가 저 사람한테 화나는 이 점, 반대로 나도 갖고 싶은 거 아닐까?" 관계 갈등의 상당수는 그림자 투사다.

실전: 직장에서의 그림자

....

　직장에서도 그림자는 존재한다. 당신은 성실한 직원이다. 야근도 마다 않고, 시킨 일은 완벽하게 해낸다. 그런데 팀에 또 다른 한 명이 있다. 칼퇴하고, 일은 적당히 하면서도 윗사람한테 잘 보인다. 당신은 속이 부글부글 끓는다. "저 사람은 정치질만 해. 실력도 없으면서." 객관적으로 맞는 말일 수 있다. 하지만 감정의 강도가 문제다. 왜 그토록 화가 나는가? 융은 질문한다. 혹시 당신도 '적당히' 하고 싶은 건 아닌가? 혹시 당신도 '정치'를 좀 하고 싶은 건 아닌가? 당신은 "성실함만이 가치 있다"고 배웠다. 그래서 '적당히 하는 것'을 그림자에 던졌다. '관계로 밀어붙이는 것'을 그림자에 던졌다. 그런데 저 동료는 그것을 당당히 한다. 당신이 금지한 것을 저 사람은 누리고 있다. 분노의 진짜 대상은 그 동료가 아니다. 자신의 억압된 욕구다.

이것을 인정하면 어떻게 될까? "나도 사실 좀 쉬고 싶고, 관계도 좀 챙기면서 일하고 싶다." 이 인정 후에, 그 동료에 대한 감정이 달라진다. 여전히 좋아하진 않을 수 있다. 하지만 그 맹렬한 분노는 사그라든다. 그러면 중요한 변화가 생긴다. 당신의 행동 선택지가 넓어진다. 억압했던 것을 인정하니까, 이제 '적당히 하는 것'도 선택할 수 있게 된다. '관계를 챙기는 것'도 죄책감 없이 할 수 있게 된다. 그림자를 통합한다는 것은 즉, 자유의 확장이다.

직장에서 유독 거슬리는 동료가 있다면, 그 사람의 어떤 점이 거슬리는지 구체적으로 적어보라. 그리고 물어라. "이것이 혹시 내가 억누르고 있는 것인가?" 상대를 바꾸려 하지 말고, 나의 그림자를 먼저 이해하라.

그림자의 금광

융은 그림자가 단순히 '어두운 것'만은 아니라고 말한다.

"그림자는 단지 다소 열등하고, 원시적이고, 부적응적이고, 어색할 뿐이다. 완전히 나쁜 것이 아니다. 그것은 심지어 인간 존재를 활기 있고 풍부하게 만들 수 있는 유치하거나 원시적인 자질을 포함하고 있다."

— 『심리학과 종교』

그림자에는 우리가 버린 재능, 포기한 가능성, 억누른 창의성도 들어 있다. 어린 시절 그림을 좋아했던 아이가 있다. 부모가 말했다. "그림으로 밥 먹고 살 수 있겠어? 공부해." 아이는 창의성을 그림자에 던졌다. 어른이 된 후 그는 안정적인 직장을 다니지만, 삶이 무미건조하다. 뭔가 빠진 것 같다. 그의 그림자에는 '창의성'이 잠들어 있다. 그것을 꺼내 통합하면, 삶에 색이 돌아온다. 당장 화가가 되라는 게 아니다. 취미로 그림을 그리거나, 창의적인 프로젝트를 맡거나, 예술을 감상하는 것만으로도 된다.

그림자 통합의 선물은 '온전함'이다. 잘라냈던 자신의 조각들을 되찾는 것이다. 융은 이것을 '개성화Individuation'라고 불렀다. 진정한 자기 자신이 되는 과정이다.

어린 시절 좋아했지만 포기한 것이 있는가? 하고 싶었지만 '현실적이지 않다'며 접은 것이 있는가? 그것도 그림자다. 다시 꺼내보라. 작게라도 시작하라. 잃어버린 자신의 일부를 되찾는 것이다.

온전해지는 길 : 융의 그림자 독해술

....

융은 말한다. 타인에게서 나를 보는 것을 배우지 않으면, 우리는 영원히 자신의 어둠 속에서 헤맬 것이라고. 미워하는 사람에게서 숨겨둔 자신을 보라. 그것을 인정하라. "나에게도 저런 면이 있다." 이 인정이 당신을 자유롭게 한다. 더 이상 그 사람을 공격하지 않아도 된다. 더 이상 자신의 일부를 숨기지 않아도 된다. 그림자는 적이 아니다. 잃어버린 자신이다. 어둠 속에서 손을 내밀고 있는 또 다른 당신이다. 그 손을 잡아라. 그것이 온전해지는 길이다.

아들러의 열등감

콤플렉스가 야망을 만든다

02

Alfred Adler

누구나 열등감이 있다. 외모, 학벌, 돈, 능력, 배경. 무엇이든 하나쯤은 부족하다고 느낀다. 우리는 이것을 부끄러워하고, 숨기고, 없는 척한다. 하지만 알프레드 아들러는 정반대로 말한다. 열등감이야말로 인간을 성장시키는 엔진이라고. 아들러의 심리학을 안다는 것은 아들러처럼 열등감을 관찰하고 다루는 태도를 익히는 것이다.

작은 아이의 세상

....

다섯 살짜리 아이의 눈으로 세상을 본다면, 모든 것이 크다.

문 손잡이도 높고, 식탁도 높고, 어른들의 다리는 기둥처럼 보인다. 뭔가를 꺼내려면 발끝으로 서야 하고, 계단을 오르려면 온 힘을 다해야 한다. 어른들은 쉽게 하는 일을 나는 못 한다. 혼자 신발 끈도 못 묶는다. 아이는 생각한다. '나는 작고, 약하고, 무능하다.' 이것이 열등감의 원초적 경험이다. 알프레드 아들러는 인간이라면 누구나 이 경험에서 출발한다고 봤다. 우리는 모두 무력한 아이로 태어났다. 혼자서는 아무것도 할 수 없는 존재로. 그래서 열등감은 인간의 보편적 조건이다.

하지만 아이는 거기서 멈추지 않는다. 아이는 생각한다. '나도 저렇게 되고 싶다. 나도 크고 싶다. 나도 할 수 있게 되고 싶다.' 그래서 걷는 법을 배운다. 말하는 법을 배운다. 신발 끈 묶는 법을 배운다. 열등감이 성장의 동력이 된다. 아들러는 이것을 인간 본성의 핵심으로 봤다.

아들러, 열등감의 심리학자

·········

알프레드 아들러는 오스트리아 빈에서 태어났다. 프로이트의 초기 동료였지만, 결국 결별하고 '개인심리학Individual Psychology'이라는 독자적 체계를 만들었다. 아들러 자신이 열등감의 산물이었다. 어린 시절 병약했고 또래보다 약했다. 형은 건강하고 잘생겼다. 비교당했다. 네 살 때 폐렴으로 죽을 뻔했다. 의사가 포기했을 때, 아버지가 다른 의사를 데려와 겨우 살았다. 이 경험이 그의 인생을 결정했다. 죽음 앞에서 살아난 아이는 결심했다. '나는 의사가 되겠다. 나처럼 약한 사람을 살리겠다.' 열등감이 야망이 됐다. 콤플렉스가 소명이 됐다. 아들러는 자신의 경험을 이론화했다. 그는 이렇게 선언한다.

"인간이 된다는 것은 열등감을 느끼는 것이다."

— 알프레드 아들러

열등감은 결함이 아니다. 인간의 조건이다. 문제는 그다음이다.

열등감과 열등 콤플렉스

....

아들러는 두 가지를 구분한다. '열등감Inferiority Feeling'과 '열등 콤플렉스Inferiority Complex'. 열등감은 자연스럽다. 건강하다. "나는 이 부분이 부족해. 그래서 발전하고 싶어." 이것이 열등감이다. 모든 성장의 시작이다. 열등 콤플렉스는 병적이다. "나는 부족해. 그래서 아무것도 못 해. 시도해봤자 안 돼." 이것이 열등 콤플렉스다. 열등감에 짓눌려 움직이지 못하는 상태.

"누구나 열등감을 가지고 있다. 그러나 열등감은 질병이 아니다. 오히려 건강하고 정상적인 노력과 발전을 자극하는 요소다. 그것이 병적 상태가 되는 것은 부적절함이라는 감각이 개인을 압도할 때, 그리고 유익한 활동을 자극하는 대신 우울하게 만들고 발전할 수 없게 만들 때뿐이다."

— 『삶의 과학』

차이는 명확하다.

열등감을 가진 사람: "나는 발표를 못해. 그래서 연습해야겠어."

열등 콤플렉스를 가진 사람: "나는 발표를 못해. 그래서 발표가 필요한 일은 피해야겠어."

전자는 열등감을 딛고 전진한다. 후자는 열등감에 갇혀 후퇴한다.

INSIGHT

당신이 피하고 있는 것이 있는가? "나는 원래 이걸 못해"라고 말하며 시도조차 안 하는 영역이 있는가? 그것이 열등 콤플렉스의 신호다. 못하는 것 자체가 문제가 아니다. 못한다는 이유로 포기하는 것이 문제다.

우월 추구: 인간의 근본 동력

....

열등감의 반대편에 무엇이 있는가? 아들러는 이를 '우월 추구 Striving for Superiority'라고 불렀다. 오해하지 마라. 이것은 남을 짓밟고 위에 서려는 욕구가 아니다. '어제의 나보다 나아지려는' 욕구다. 더 잘하고 싶고, 더 되고 싶고, 더 성장하고 싶은 본능.

"인간의 정신 생활은 그의 목표에 의해 결정된다."

— 『인간 이해』

아기가 걷기를 배우는 것, 학생이 성적을 올리려는 것, 직장인이 승진하려는 것, 예술가가 걸작을 만들려는 것. 모두 같은 동력이다. 열등한 상태에서 우월한 상태로 움직이려는 힘. 아들러의 이론을 공식화하면 이렇다. 열등감 → 보상 → 우월 추구. 부족함을 느끼고(열등감), 그것을 메우려 노력하고(보상), 더 나은 상태에 도달하려 한다(우월 추구). 이것이 인간 동기의 기본 구조다.

보상의 두 가지 길

....

열등감을 느꼈을 때, 사람은 두 가지 방향으로 움직인다.

건강한 보상: 열등감을 인정하고, 그것을 극복하기 위해 노력한다.

키가 작은 사람이 농구를 포기하는 대신 더 빠른 드리블을 연습한다. 목소리가 작은 사람이 발표를 피하는 대신 논리와 내용으로 승부한다. 학벌이 부족한 사람이 주눅 드는 대신 실력으로 증명한다. 아들러는 이런 예시들을 '보상^{Compensation}'이라고 불렀다. 약점을 다른 강점으로 메우는 것이다.

예를 들어, 베토벤은 청력을 잃었지만 가장 위대한 교향곡을 작곡했다. 루스벨트는 소아마비를 이겨내고 미국 역사상 가장 오래 집권한 대통령이 됐다. 스티븐 호킹은 온몸이 마비됐지만 우주를 설명했다. 그들의 위대함은 장애에도 '불구하고'가 아니다. 장애 '때문에' 가능했을 수도 있다. 열등감이 극복의 동력이 됐기 때문이다.

병적인 보상: 열등감을 인정하지 않고, 가짜 우월감으로 덮는다.

진짜 실력을 키우는 대신 허세를 부린다. 진짜 성장 대신 남을 깎아내린다. 진짜 성취 대신 과시한다. 회의 시간에 아는 것 없이 목소리만 큰 사람. SNS에 허세 가득한 일상을 올리는 사람. 다른 사람의 실수를 유난히 크게 지적하는 사람. 자랑이 과도한 사람. 그들은 강해 보이려 애쓴다. 하지만 아들러의 눈에 그것은 열등감의 증거다.

"사람이 과시하는 것은 오직 그가 열등감을 느끼기 때문이다. 삶의 유용한 측면에서 다른 사람들과 경쟁할 만큼 충분히 강하다고 느끼지 못하기 때문이다."

— 『인간 이해』

진짜 강한 사람은 증명할 필요가 없다. 과시하는 사람은 스스로 믿지 못하기 때문에 남에게 확인받으려 한다.

당신 주변에 유난히 자랑이 많거나, 남을 자주 비하하는 사람이 있는가? 그 사람을 미워하기 전에, 그 사람의 열등감을 읽어라. 허세 뒤에는 거의 항상 두려움이 있다. 그리고 스스로도 점검하라. 내가 과도하게 증명하려 애쓰는 영역이 있는가? 그곳에 당신의 열등감이 숨어 있다.

열등감의 뿌리: 가족 구도

아들러는 열등감의 형성에서 가족, 특히 형제 순서가 중요하다고 봤다.

첫째

처음에는 왕이다. 모든 관심과 사랑을 받는다. 하지만 동생이 태어나면 '폐위'된다. 이 경험은 강한 정서적 충격으로 남을 수 있다. 첫째는 권위와 규칙을 중시하는 경향이 있다. 잃어버린 왕좌를 되찾으려 하기 때문이다.

둘째(중간)

태어날 때부터 경쟁자가 있다. 앞에 형이나 누나가 있다. 항상 따라잡아야 한다. 그래서 둘째는 야망이 크고, 경쟁적인 경향이 있다. 앞사람을 추월하려는 본능이 있다. 아들러는 둘째를 항상 앞사람을 기준으로 성장하는 존재라고 설명한다.

막내

가장 작고 약하다. 모두가 자기보다 크고 능력 있다. 하지만 동시에 가장 많은 관심을 받는다. 막내는 귀여움을 무기로 쓰는 법을 배운다. 또는 모두를 뛰어넘으려는 큰 야망을 품기도 한다. 즉, 의존적이 되거나 반대로 과잉 보상overcompensation으로 큰 야망을 품는 경우 모두 가능하다고 봤다.

독자

경쟁자 없이 자란다. 어른들의 세계에서 자란다. 그래서 조숙하거나, 혼자 있는 것을 좋아하거나, 관심의 중심이 되는 데 익숙하다.

물론 이것은 경향성이지 운명이 아니다. 핵심은 어린 시절의 위치가 열등감의 종류를 형성한다는 것이다. 하지만 그것을 어떻게 다루냐는 것은 선택이다.

> **INSIGHT**
>
> 당신은 몇째인가? 어린 시절 형제자매 사이에서 어떤 위치였는가? 그것이 지금 당신의 열등감과 야망에 어떤 영향을 주었는가? 인과관계를 안다고 해서 당장 바뀌지는 않는다. 하지만 이해하면 더 현명하게 다룰 수 있다.

실전: 연애에서의 열등감

연애는 열등감이 가장 적나라하게 드러나는 영역이다. "나는 매력이 없어." "나 같은 사람을 누가 좋아하겠어." "저 사람은 나한테 과분해." 이런 생각을 한 적 있는가? 열등감이다. 열등감이 연애를 어떻게 망치는지 보자.

회피

열등감이 심한 사람은 아예 시도하지 않는다. 거절당할 것이 두렵기 때문이다. "어차피 안 될 거야"라고 미리 포기한다. 실패하지 않으려고 도전을 피한다. 결과적으로 아무 일도 일어나지 않는다.

과잉 보상

반대로 과도하게 애쓰는 경우도 있다. 상대에게 지나치게 잘해준다. 선물 공세, 끝없는 관심, 과도한 희생. 하지만 이것은 사랑이 아니라 거래다. "내가 이만큼 해줬으니, 나를 사랑해줘." 상대는 부담스러워하고, 관계는 무너진다.

질투

열등감이 강한 사람은 질투도 강하다. "저 사람이 나를 떠나면 어떡하지?" 불안하니까 집착한다. 감시하고, 의심하고, 통제하려 한다.

결국 상대는 숨이 막혀 떠난다. 두려워한 일을 스스로 만들어낸다.

아들러의 해결책은 무엇인가? 자기 자신의 가치를 조건 없이 인정하는 것이다. "나는 부족하지만, 그래도 괜찮다. 나는 사랑받을 가치가 있다." 이것이 건강한 자존감이다. 완벽해서가 아니라, 불완전함에도 불구하고 자신을 수용하는 것.

"바꿀 수 없는 것이 아니라 바꿀 수 있는 것에 집중해야 한다."

— 『미움받을 용기』 (아들러 심리학 해설서)

연애에서 불안하거나 집착하는 패턴이 있다면, 상대의 문제가 아니라 당신의 열등감을 점검하라. "나는 사랑받을 가치가 없다"는 믿음이 숨어 있지 않은가? 그 믿음을 바꾸지 않으면, 상대가 바뀌어도 패턴은 반복된다.

열등감을 다루는 용기

·········

아들러 심리학의 핵심 단어가 있다. '용기Courage'다. 열등감을 인정하는 데 용기가 필요하다. "나는 이것을 못해"라고 솔직히 말하는 것. 불완전한 자신을 수용하는 데 용기가 필요하다. "나는 완벽하지 않아. 그래도 괜찮아"라고 믿는 것.

실패할 가능성을 안고 도전하는 데 용기가 필요하다. "안 될 수도 있어. 그래도 해볼 거야"라고 움직이는 것.

"당신에게 부족한 것은 능력이 아니라 용기다."

— 『미움받을 용기』

열등 콤플렉스에 갇힌 사람은 용기가 부족한 사람이다. "나는 못 해"라는 말은 사실 "나는 실패가 두려워"라는 말이다. 반대로 열등감을 연료로 쓰는 사람은 용기 있는 사람이다. 실패를 각오하고 움직이는 사람이다. 부족함을 인정하면서도 전진하는 사람이다.

3. 행동의 용기

용기는 두려움이 없는 것이 아니다. 두려움에도 불구하고 행동하는 것이다.

> **INSIGHT**
>
> 지금 당신이 피하고 있는 것 하나를 떠올려라. "나는 못해"라고 말하는 영역. 정말 능력이 없는가, 아니면 실패가 두려운가? 대부분의 경우 후자다. 두려움을 인정하라. 그리고 그럼에도 불구하고 한 발 내디뎌라. 그것이 용기다.

열등감을 넘어서: 사회적 관심

....

아들러 심리학의 최종 목적지가 있다. '사회적 관심Social Interest'이다. 건강한 사람은 열등감을 극복하면서 자기 자신만을 위해 살지 않는다. 타인에게, 공동체에, 사회에 기여하려는 마음을 갖는다. 아들러는 이것을 정신 건강의 척도로 봤다.

"동료에게 관심이 없는 사람이야말로 인생에서 가장 큰 어려움
을 겪고, 타인에게 가장 큰 해를 끼친다."

— 『삶의 의미』

오직 자기 자신만을 위해 사는 사람은 결국 공허해진다. 나만의
성공, 나만의 부, 나만의 인정. 그것을 얻어도 채워지지 않는다. 왜?
인간은 연결된 존재이기 때문이다.

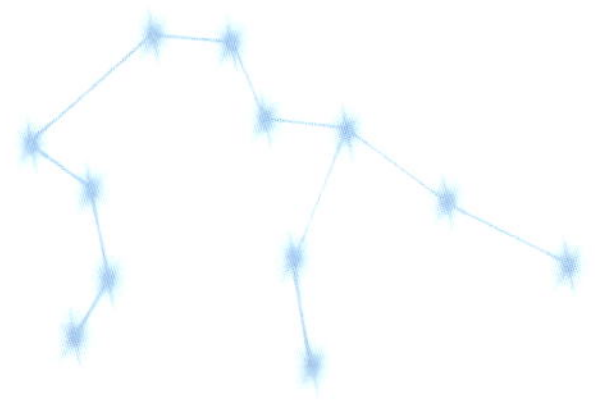

열등감을 극복하는 가장 건강한 방법은, 자신의 강점을 타인을
위해 쓰는 것이다. 내가 가진 것으로 누군가를 돕는 것이다. 그때 열
등감은 완전히 녹는다. 자신의 가치가 타인과의 연결 속에서 확인되
기 때문이다. 아들러 자신도 그랬다. 어린 시절 약하고 병약했던 그
는 의사가 되어 수많은 사람을 치료했다. 자신의 상처가 치유의 도
구가 됐다.

당신의 열등감, 상처, 약점이 무엇인가? 그것을 극복하는 과정에서 배운 것이 있는가? 그 배움을 비슷한 상황에 있는 누군가와 나눠라. 그 순간 당신의 약점은 강점이 된다. 상처는 치유의 원천이 된다.

족쇄인가, 날개인가: 아들러의 열등감 전환술

내일 아침, 당신은 거울을 본다. 마음에 안 드는 부분이 보인다. 직장에 가면 나보다 잘하는 사람이 있다. SNS를 열면 나보다 멋진 삶이 넘쳐난다. 열등감이 찾아온다. 피할 수 없다. 인간이라면 누구나 느낀다. 하지만 이제 당신은 안다. 열등감 자체가 문제가 아니라는 것을. 그것을 어떻게 다루느냐가 문제라는 것을. 열등감에 짓눌리면 움츠러든다. 열등감을 부정하면 허세가 된다. 하지만 열등감을 인정하고, 받아들이고, 연료로 쓰면 성장한다. 부족함은 저주가 아니다. 가능성이다. 콤플렉스는 족쇄가 아니다. 날개다. 당신의 열등감은 무엇인가? 그것이 당신을 어디로 이끌 것인가? 선택은 당신의 몫이다.

- 『미움받을 용기』 기시미 이치로 & 고가 후미타케, 아들러 입문서 　　　난이도 ★☆☆☆☆
- 『아들러의 인간 이해』 아들러 핵심 개념 정리 　　　난이도 ★★☆☆☆
- 『삶의 의미』 아들러 후기 사상, 사회적 관심 강조 　　　난이도 ★★☆☆☆

보울비의 애착이론

어린 시절이 연애 패턴을 지배한다

03

Edward John Mostyn Bowlby

왜 어떤 사람은 연애가 편하고, 어떤 사람은 늘 불안한가? 왜 어떤 사람은 쉽게 다가가고, 어떤 사람은 친밀함을 두려워하는가? 존 보울비는 그 답을 어린 시절에서 찾았다. 태어나서 처음 맺은 관계, 부모와의 관계가 평생의 관계 패턴을 결정한다는 것이다. 연애가 힘든 이유, 관계가 반복적으로 실패하는 이유, 그 뿌리는 당신이 기억조차 못하는 시절에 이미 심어졌다. 보울비의 심리학을 안다는 것은 '애착 유형'을 외우는 게 아니다. 보울비처럼 관계의 뿌리를 보는 것이다.

반복되는 패턴

....

그녀는 또 같은 실수를 했다. 좋아하는 사람이 생기면 불안해진다. 상대가 답장을 늦게 하면 온종일 신경 쓰인다. "나를 싫어하는 걸까?" 확인하고 싶어 먼저 연락한다. 자주 연락한다. 상대는 부담스러워한다. 결국 멀어진다. 그녀는 상처받는다. "나는 왜 항상 이럴까?"

그는 반대다. 누군가 다가오면 도망치고 싶어진다. 연애 초반에는 괜찮다. 하지만 관계가 깊어지면 숨이 막힌다. 상대가 "우리 관계 어떻게 생각해?"라고 물으면 말문이 막힌다. 대화를 피한다. 혼자 있고 싶다. 상대는 서운해한다. 결국 헤어진다. 그는 혼란스럽다. "나는 왜 가까워지기만 하면 밀어내는 걸까?"

둘 다 좋은 사람이다. 사랑하고 싶고, 사랑받고 싶다. 그런데 뭔가 잘 안 된다. 같은 패턴이 반복된다. 상대가 바뀌어도 결과는 비슷하다. 왜 그럴까? 존 보울비라면 이렇게 물었을 것이다. "당신의 어린 시절, 부모와의 관계는 어땠나요?"

보울비, 관계의 기원을 찾다

. . . .

존 보울비는 영국의 정신과 의사이자 정신분석가다. 그는 어린 시절 경험이 성인의 심리에 미치는 영향에 주목했다. 특히 영유아기 부모와의 관계가 결정적이라고 봤다. 보울비 자신도 그런 경험이 있었다. 영국 상류층 가정에서 태어난 그는 부모보다 유모 손에 자랐다. 네 살 때 그 유모가 떠났다. 첫 번째 상실이었다. 일곱 살에는 기숙학교로 보내졌다. 두 번째 분리였다. 훗날 그는 이 경험들이 자신의 연구에 영향을 줬다고 인정했다.

2차 세계대전 후, 보울비는 세계보건기구WHO의 의뢰를 받아 전쟁 고아들을 연구했다. 부모를 잃은 아이들, 시설에서 자란 아이들. 그들에게는 공통점이 있었다. 정서적 문제, 대인관계 어려움, 비행 성향. 보울비는 물었다. 왜 이 아이들은 이렇게 됐을까? 그의 결론은 혁명적이었다. 어린 시절 형성된 애착이 평생을 좌우한다는 것이다. 이것이 '애착 이론Attachment Theory'의 시작이다.

"타인과의 친밀한 애착은 한 사람의 삶이 돌아가는 중심축이다.

유아기나 걸음마기, 학령기뿐만 아니라 청소년기, 성인기, 그리고 노년기까지 평생에 걸쳐 그러하다."

—『애착과 상실』

애착: 생존을 위한 본능

·········

애착^{Attachment}이란 무엇인가? 보울비는 애착을 생존 본능으로 봤다. 인간의 아기는 가장 무력한 존재다. 스스로는 아무것도 할 수 없다. 먹지도, 움직이지도, 자신을 보호하지도 못한다. 생존하려면 누군가가 돌봐줘야 한다. 그래서 아기는 본능적으로 양육자에게 달라붙는다. 울고, 웃고, 눈을 맞추고, 안기려 한다. 양육자의 관심을 끌고, 곁에 두려 한다. 이것이 애착 행동이다.

보울비는 기존 정신분석학에 도전했다. 프로이트는 아이가 엄마에게 집착하는 이유를 '먹이를 주기 때문'이라고 봤다. 배고픔이 충족되니까 엄마를 찾는다는 것이다. 보울비는 반박했다. 아이는 단순히 음식 때문에 엄마에게 집착하는 것이 아니라, 안전감과 정서적 연결을 원한다고 주장했다. 이런 주장은 이후 해리 할로우의 원숭이 실험에서 확인되었다. 새끼 원숭이에게 두 개의 가짜 엄마를 줬다. 하나는 철사로 만들었지만 우유가 나온다. 다른 하나는 우유는 없지만 부드러운 천으로 감쌌다. 새끼 원숭이는 어디로 갔을까?

"우리는 접촉 안정감이 중요한 애정 변인임을 발견하고도 놀라

지 않았다. 하지만 그것이 수유 변인을 이토록 완전히 압도할 줄
은 예상하지 못했다. 실제로 그 격차가 너무나 커서, 수유의 주된
기능은 영아와 어머니 간의 빈번하고 친밀한 신체 접촉을 보장
하는 것이라고 봐야 할 정도다."

— 해리 할로우, "The Nature of Love" (1958)

부드럽고 폭신한 **헝겊 엄마**

먹이를 주는 **철사 엄마**

천으로 만든 엄마에게 달라붙었다. 배가 고플 때만 잠깐 철사 엄
마에게 갔다가, 곧바로 천 엄마에게 돌아왔다. 무서운 일이 생기면
천 엄마에게 달려가 안겼다. 결론은 명확했다. 아이가 원하는 것은
음식이 아니다. 따뜻함이다. 안전감이다. 연결이다.

내적 작동 모델: 관계의 청사진

·········

보울비의 핵심 개념이 있다. '내적 작동 모델Internal Working Model'이

다. 아이는 양육자와의 경험을 통해 두 가지를 배운다.

첫째, 자기에 대한 모델

양육자가 따뜻하게 반응하면 아이는 배운다. '나는 사랑받을 가치가 있다.' 양육자가 무시하거나 거부하면 아이는 배운다. '나는 사랑받을 가치가 없다.'

둘째, 타인에 대한 모델

양육자가 필요할 때 곁에 있으면 아이는 배운다. '사람들은 믿을 만하다.' 양육자가 예측 불가능하거나 부재하면 아이는 배운다. '사람들은 믿을 수 없다.'

타인 믿음

타인 불신

이 두 가지 믿음이 결합해 '내적 작동 모델'을 형성한다. 이 내적 작동 모델은 영유아기에 형성되며, 이후 모든 친밀한 관계의 틀이 된다. 문제는 영유아기는 의식적 기억이 없는 시기라는 것이다. 그래서 우리는 이 청사진의 존재조차 모른다. 하지만 그것은 작동하고 있다. 매 순간, 모든 관계에서.

연애에서 반복되는 패턴이 있는가? 항상 비슷한 유형에게 끌리거나, 비슷한 이유로 헤어지거나, 비슷한 갈등을 겪는가? 그것은 우연이 아니다. 당신의 내적 작동 모델이 같은 시나리오를 반복 재생하고 있는 것이다.

낯선 상황 실험

. . . .

보울비의 이론을 실증한 사람이 있다. 메리 에인스워스다. 그녀는 '낯선 상황 실험Strange Situation Procedure'이라는 실험을 설계했다. 방법은 이렇다. 12-18개월 된 아기와 엄마가 낯선 방에 들어간다. 몇 분 후 낯선 사람이 들어온다. 그다음 엄마가 방을 나간다. 잠시 후 엄마가 돌아온다. 관찰하는 것은 두 가지다. 엄마가 떠날 때 아이의 반응. 엄마가 돌아올 때 아이의 반응. 결과는 아이마다 달랐다. 에인스워스는 이를 세 가지(후에 네 가지) 유형으로 분류했다.

애착 유형 1: 안정 애착

- 엄마가 떠날 때: 불안해하지만 심하지 않다.
- 엄마가 돌아올 때: 반갑게 맞이한다. 안기고 나면 금방 안정된다. 다시 놀이에 집중한다.

이 아이들의 부모는 어떤 특징이 있었을까? 일관되게 반응했다. 아이가 울면 달래줬고, 웃으면 같이 웃어줬다. 아이의 신호에 민감했다. 예측 가능했다.

이 아이들이 배운 내적 작동 모델: 나는 사랑받을 가치가 있다.

사람들은 믿을 만하다.

세상은 안전하다.

성인이 된 이들은 친밀한 관계에 편안하다. 의존해도 괜찮고, 혼자 있어도 괜찮다. 갈등이 생겨도 대화로 해결할 수 있다고 믿는다. 상대를 신뢰한다. 전체 인구의 약 50%가 이 유형이다.

애착 유형 2: 불안 애착

- 엄마가 떠날 때: 극심하게 불안해한다. 울고 매달린다.
- 엄마가 돌아올 때: 반가워하면서도 화를 낸다. 안기면서도 밀어낸다. 쉽게 진정되지 않는다.

이 아이들의 부모는 어땠을까? 비일관적이었다. 어떤 때는 따뜻하게 반응했고, 어떤 때는 무시했다. 예측할 수 없었다. 부모의 기분에 따라 달랐다.

이 아이들이 배운 내적 작동 모델: 나는 충분히 사랑받지 못한다.

사람들은 언제 떠날지 모른다.

관심을 끌려면 더 애써야 한다.

성인이 된 이들은 연애에서 불안하다. 상대의 반응에 예민하다. 상대가 떠날까봐 두렵다. 확인받고 싶어 한다. 집착하거나 매달리는 경향이 있다. 거절에 과잉 반응한다. 전체 인구의 약 30%가 이 유형이다.

애착 유형 3: 회피 애착

- 엄마가 떠날 때: 별 반응이 없다. 무덤덤하다.
- 엄마가 돌아올 때: 역시 별 반응이 없다. 무시하거나 외면한다.

언뜻 보면 독립적인 것 같다. 하지만 실험에서 아이들의 심박수와 코르티솔 수치를 측정했다. 겉으로는 무덤덤했지만, 신체적으로는 스트레스 반응이 높았다. 불안을 느끼지만 표현하지 않는 것이다. 이 아이들의 부모는 어땠을까? 거부적이거나 감정적으로 불가용했다. 아이가 다가가면 밀어냈다. 울어도 반응하지 않았다. 또는 물리적으로 부재했다.

이 아이들이 배운 내적 작동 모델: 사람에게 의지하면 상처받는다.

감정을 표현하면 거부당한다.

혼자 해결해야 한다.

성인이 된 이들은 친밀함을 불편해한다. 가까워지면 거리를 둔다. 감정 표현에 서툴다. 독립성을 지나치게 강조한다. "혼자가 편해"라고 말한다. 관계보다 일이나 취미에 몰두한다. 전체 인구의 약 20%가 이 유형이다.

애착 유형 4: 혼란 애착

엄마가 떠날 때와 돌아올 때: 일관된 패턴이 없다. 다가갔다가 얼어붙는다. 기이한 행동을 보인다. 혼란스러워 보인다. 이 아이들의 부모는 어땠을까? 학대적이거나 심하게 무서웠다. 아이에게 안전의 원천이어야 할 사람이 동시에 두려움의 원천이었다. 해결할 수 없는 딜레마다. 다가가야 하는데 무섭다. 성인이 된 이들은 관계에서 극단적 패턴을 보인다. 강렬하게 원하면서 동시에 두려워한다. 감정 조절이 어렵다. 전체 인구의 10% 이하가 이 유형이다.

INSIGHT

당신은 어떤 유형에 가까운가? 연인이 잠시 연락이 안 되면 불안한가(불안형)? 가까워지면 숨 막히는가(회피형)? 둘 다인가(혼란형)? 아니면 대체로 편안한가(안정형)? 자신의 패턴을 아는 것이 변화의 시작이다.

실전: 불안형의 연애

....

불안 애착 유형의 연애를 해부해보자. 그녀는 그를 좋아한다. 하지만 불안하다. 그가 정말 나를 좋아할까? 곧 떠나면 어떡하지? 그가 답장을 1시간 늦게 했다면 그녀의 머릿속은 시나리오로 가득 찬다. '나한테 관심 없는 건가? 다른 사람이 생긴 건가? 내가 뭔가 잘못했나?' 확인하고 싶어 연락한다. "뭐 해?" 답이 없다. 또 연락한다. "바빠?" 답이 없다. 한 번 더. "나 뭐 잘못했어?" 그가 답한다. "아니, 그냥 일하느라. 왜 그래?"

그녀는 안심한다. 하지만 잠깐이다. 내일도 같은 일이 반복된다. 그는 점점 부담스러워한다. 숨 막힌다고 느낀다. 결국 거리를 둔다. 그녀는 불안이 현실이 됐다고 느낀다. '역시 떠나려고 하는구나.' 악순환이다. 불안 때문에 집착하고, 집착 때문에 상대가 멀어지고, 멀어지니까 더 불안해진다. 이것은 성격 결함이 아니다. 어린 시절 형성된 내적 작동 모델이 작동하는 것이다. "사람은 언제든 떠날 수 있어. 붙잡아야 해."

INSIGHT

불안형이라면, 불안이 올 때 바로 행동하지 마라. 10분만 기다려라. 불안은 과거의 메아리다. 지금 상대가 진짜 떠나려는 게 아니다. 어린 시절의 불안이 재생되는 것이다. 그것을 알아차리는 것만으로도 반응의 강도가 줄어든다.

실전: 회피형의 연애

. . . .

회피 애착 유형의 연애를 해부해보자. 그는 그녀를 좋아한다. 하지만 가까워지면 불편하다. 연애 초반은 괜찮다. 설렘이 있고, 적당한 거리가 있다. 하지만 관계가 깊어지면 달라진다. 그녀가 매일 보자고 한다. 주말마다 함께 시간을 보내자고 한다. "우리 미래에 대해 이야기하자"고 한다. 그는 숨이 막힌다. 뭔가 갇히는 느낌이다. 자유가 사라지는 것 같다.

슬슬 피한다. 바쁘다고 한다. 친구 약속이 있다고 한다. 그녀는 서운해한다. "당신은 나한테 관심이 없는 거야?" 그는 짜증이 난다. "왜 이렇게 집착해?" 결국 헤어진다. 그는 처음엔 홀가분하다. 하지만 시간이 지나면 공허해진다. 그녀가 그리워진다. 연락할까 생각한다. 하지만 다시 가까워지면 또 숨 막힐 것 같다. 그래서 연락하지 않는다. 이것도 성격 결함이 아니다. 내적 작동 모델이 작동하는 것이다. "가까워지면 상처받아. 거리를 유지해야 안전해."

회피형이라면, 숨 막힌다는 느낌이 올 때 도망치지 마라. 그 불편함을 견뎌보라. 그것은 실제 위협이 아니다. 어린 시절 학습된 반응이다. 친밀함이 위험하다고 배웠지만, 성인인 지금은 다르다. 가까이 가도 삼켜지지 않는다.

최악의 조합: 불안형 + 회피형

. . . .

비극적이게도, 불안형과 회피형은 서로에게 끌린다. 불안형은 회피형의 쿨함에 끌린다. '저 사람은 나처럼 집착하지 않아. 독립적이야. 멋있어.' 회피형은 불안형의 따뜻함에 끌린다. '저 사람은 날 좋아해줘. 관심을 줘. 편안해.' 하지만 관계가 시작되면 지옥이 펼쳐진다.

불안형이 다가간다 → 회피형이 물러난다 → 불안형이 더 다가간다 → 회피형이 더 물러난다 → 불안형은 "날 버리려 해"라고 느끼고, 회피형은 "날 삼키려 해"라고 느낀다. 둘 다 고통스럽다. 둘 다 상대방 탓을 한다. 하지만 진짜 문제는 상대가 아니다. 각자의 내적 작동 모델이 충돌하는 것이다.

애착은 바뀔 수 있다

....

보울비의 이론을 처음 들으면 절망스럽다. 어린 시절에 이미 결정됐다고? 그럼 나는 평생 이러고 살아야 하나? 아니다. 좋은 소식이 있다. 애착 유형은 바뀔 수 있다. 연구에 따르면, 성인이 된 후에도 애착 유형이 변한다. 불안형이 안정형이 되기도 하고, 회피형이 안정형이 되기도 한다. (물론 반대도 있다. 안정형이 큰 상처를 받으면 불안형이나 회피형이 되기도 한다.) 어떻게 바뀌는가?

첫째, 안정적인 관계 경험이다

안정 애착을 가진 사람과 오래 사귀면, 그 사람의 모델이 서서히 내면화된다. "이 사람은 떠나지 않는구나. 가까이 가도 괜찮구나." 새로운 경험이 오래된 모델을 덮어쓴다. 파트너가 아니어도 된다. 친구, 멘토, 치료사도 이 역할을 할 수 있다. 중요한 것은 일관되게 안전한 관계를 경험하는 것이다.

둘째, 자기 인식이다

자신의 패턴을 아는 것만으로도 변화가 시작된다. "아, 내가 지금 불안해하는 건 과거 때문이구나." 이것을 알면 자동적인 반응에서 벗어날 수 있다. 반응과 나 사이에 공간이 생긴다. 그 공간에서 다른 선택을 할 수 있다.

셋째, 의도적 연습이다

불안형이라면, 불안할 때 바로 연락하는 대신 기다리는 연습을 한다. 회피형이라면, 도망치고 싶을 때 머무르는 연습을 한다. 작은 성공 경험이 쌓이면 모델이 수정된다.

> **INSIGHT**
>
> 당신의 애착 유형이 불안정하다면, 절망하지 마라. 그것은 운명이 아니다. 과거의 학습이다. 학습된 것은 다시 학습될 수 있다. 시간이 걸리고, 노력이 필요하지만, 가능하다.

다시 사랑할 수 있다 : 보울비의 애착 해독술

....

내일 아침, 당신은 누군가와 관계를 맺는다. 연인, 가족, 친구, 동료. 당신의 어린 시절이 불안정했다면, 그건 안타깝다. 하지만 그것이 당신의 운명은 아니다. 새로운 관계, 새로운 경험, 새로운 선택을 통해 내적 모델은 수정될 수 있다. 모든 관계가 어렵지만은 않다. 안전하게 연결되는 것이 가능하다. 당신도 그럴 수 있다.

Edward John
Mostyn Bowlby

하이트의 코끼리와 기수

감정이 결정하고 이성은 변명한다

04

Jonathan Haidt

당신은 이성적인 사람이라고 생각하는가? 논리적으로 판단하고, 합리적으로 선택한다고 믿는가? 조너선 하이트는 불편한 진실을 알려준다. 당신의 결정은 감정이 먼저 내린다. 이성은 그 결정을 정당화하는 변호사일 뿐이다. 마음속에는 거대한 코끼리가 있고, 이성은 그 위에 탄 작은 기수다. 기수는 코끼리를 통제한다고 착각하지만, 실제로는 코끼리가 가고 싶은 곳으로 끌려간다. 하이트의 심리학을 안다는 것은 '코끼리와 기수' 비유를 단순히 외우는 게 아니다. 하이트처럼 인간 마음의 이중 구조를 보는 것이다.

논리로 이길 수 없는 싸움

....

그와 그녀는 2시간째 싸우고 있다. 시작은 사소했다. 설거지 문제였다. 그녀가 말했다. "당신은 맨날 설거지를 싱크대에 쌓아놔." 그가 반박했다. "나도 설거지 하잖아. 어제도 했는데." 그녀가 받아쳤다. "어제 한 번 한 게 뭐 대단해? 난 매일 하는데." 논쟁이 시작됐다. 누가 더 많이 하는지, 누가 더 힘든지, 누가 더 배려하는지. 각자 증거를 댄다. 논리를 편다. 목소리가 높아진다.

그는 생각한다. '내 논리가 완벽한데 왜 안 받아들이지?' 그녀도 생각한다. '이렇게 명확한데 왜 이해를 못 하지?' 2시간 후, 둘 다 지쳤다. 아무도 설득되지 않았다. 오히려 감정만 상했다. 결론 없이 각자 방으로 들어간다. 무엇이 잘못됐을까? 조너선 하이트라면 이렇게 말했을 것이다. "당신들은 기수끼리 싸웠어요."

"하지만 진짜 싸움은 코끼리와 코끼리 사이에서 벌어지고 있었죠. 코끼리를 건드리지 않고 기수만 설득하려 했으니, 당연히 실패한 겁니다."

하이트, 도덕의 심리학자

조너선 하이트는 미국의 사회심리학자다. 버지니아 대학교와 뉴욕 대학교에서 도덕 심리학을 연구했다. 그의 관심사는 단순한 질문이었다. 인간은 어떻게 옳고 그름을 판단하는가? 전통적 답은 이랬다. 인간은 이성으로 판단한다. 상황을 분석하고, 원칙을 적용하고, 논리적으로 결론을 내린다. 플라톤 이래 서양 철학의 주류 견해였다. 하이트는 실험을 통해 이 견해를 뒤집었다. 그는 피험자들에게 도덕적 딜레마를 제시했다. 예를 들어, "줄리와 마크는 남매다. 둘이 합의하에 성관계를 가졌다. 피임을 했고, 아무도 다치지 않았다. 이것이 잘못인가?" 대부분의 사람들은 즉각 "잘못이다"라고 대답했다. 하이트가 물었다. "왜요?" 사람들은 이유를 댔다. "기형아가 태어날 수 있으니까요." 하이트가 말했다. "피임을 했다고 했는데요." 사람들이 다른 이유를 댔다. "심리적 트라우마가 생길 수 있으니까요." 하이트가 말했다. "둘 다 괜찮다고 했는데요." 이유가 하나씩 반박됐다. 하지만 사람들은 결론을 바꾸지 않았다. 대신 이렇게 말했다. "모르겠어요. 설명은 못 하겠는데, 어쨌든 잘못이에요." 하이트는 이 현상을 '도덕적 당혹감moral dumbfounding'이라고 불렀다. 결론은 확고한데 이유를 설명하지 못하는 상태. 이것이 의미하는 바는 명확했다. 판단이 먼저고, 이유는 나중이다. 감정이 먼저 "이건 잘못이야"라고 결정하고, 이성은 그 결정을 정당화할 이유를 사후에 찾는다.

코끼리와 기수

....

하이트는 이 발견을 강력한 비유로 표현했다. 인간의 마음은 코끼리 위에 탄 기수와 같다.

"마음은 마치 코끼리를 탄 기수처럼 나뉘어 있으며, 기수의 역할은 코끼리를 돕는 것이다."

— 『바른 마음』

코끼리는 감정, 직관, 본능, 자동적 반응이다. 거대하고, 강력하고, 빠르다. 의식하기 전에 이미 움직인다. 기수는 이성, 논리, 의식적 사고다. 작고, 약하고, 느리다. 코끼리 위에 앉아 고삐를 잡고 있지만,

코끼리가 정말로 어디로 가고 싶은지는 통제할 수 없다. 기수는 코끼리를 통제한다고 착각한다. 고삐를 잡고 있으니까. 하지만 실험해보라. 코끼리가 정말로 왼쪽으로 가고 싶다면, 기수가 아무리 오른쪽으로 고삐를 당겨도 소용없다. 코끼리가 이긴다.

"의식적 추론은 대통령이 취한 어떤 입장이든 자동으로 정당화하는 홍보 담당처럼 작동한다."

—『바른 마음』

기수의 진짜 역할은 통제가 아니다. 정당화다. 코끼리가 내린 결정을 합리화하는 변호사다.

직관이 먼저, 이성은 변호사

....

하이트의 핵심 명제다.

"직관이 먼저 오고, 전략적 추론은 나중에 온다."

—『바른 마음』

어떤 상황을 접하는 순간, 즉각적으로 코끼리가 반응한다. 좋다/싫다, 옳다/그르다. 이것이 직관이다. 의식하기 전에 이미 판단은 끝난다. 그다음 기수가 활성화된다. 하지만 기수의 역할은 진실을 찾는 것이 아니다. 이미 내린 결론을 방어하는 것이다.

> "우리의 도덕적 사고는 진실을 찾는 과학자보다는 표를 얻으려는 정치인에 가깝다."
>
> — 『바른 마음』

변호사를 생각해보라. 변호사는 의뢰인이 유죄인지 무죄인지 객관적으로 따지지 않는다. 의뢰인의 무죄를 '주장'한다. 그것이 변호사의 일이다. 기수도 미찬가지다. 코끼리가 "이건 좋아"라고 결정하면, 기수는 왜 좋은지 이유를 찾는다. 코끼리가 "이건 싫어"라고 결정하면, 기수는 왜 나쁜지 이유를 찾는다.

역방향은 드물다. 기수가 먼저 "객관적으로 분석해보자"라고 하고, 그 결과에 따라 코끼리가 방향을 바꾸는 일 말이다. 예를 들어보

자. 정치적 이슈를 생각해보라. 당신이 지지하는 정당이 있다면, 그 정당의 정책을 어떻게 평가하는가? 솔직히 인정하자. "우리 당 정책이니까 좋을 거야"(직관) → "왜냐하면 이러저러한 이유로…"(추론). 반대 정당은? "저 당 정책이니까 문제가 있을 거야"(직관) → "왜냐하면…"(추론). 이것이 논쟁에서 아무도 설득되지 않는 이유다. 양쪽 모두 자기 코끼리가 내린 결론을 방어하느라 바쁘다. 상대의 논리를 듣고 "아, 네 말이 맞네"라고 하는 일은 거의 없다. 대신 "그건 틀렸어, 왜냐하면…"이라고 반박할 논리를 찾는다.

강한 확신이 드는 순간, 잠깐 멈춰라. "이 확신은 어디서 왔지? 논리적 분석에서인가, 직관적 반응에서인가?" 대부분 후자다. 그리고 논쟁 중이라면 자문하라. "나는 진실을 찾고 있는가, 아니면 내 입장을 방어하고 있는가?" 그것을 인식하는 것만으로도 더 객관적이 될 수 있다.

실전: 설득의 기술

………

이 원리를 알면 설득의 방식이 완전히 달라진다. 대부분의 사람들은 설득할 때 논리를 활용한다. 데이터를 제시하고, 근거를 나열하고, 결론을 도출한다. 기수에게 말하는 것이다. 하지만 하이트의 통찰에 따르면, 이것은 비효율적이다. 기수를 설득해봤자, 코끼리가 안 움직이면 소용없기 때문이다. 코끼리가 "싫어"라고 버티면, 기

수는 반박할 논리를 찾아낼 것이다. 진짜 설득은 코끼리를 움직이는
것이다. 어떻게 해야 할까?

첫째, 관계부터 만들어라

코끼리는 메시지보다 메신저에 먼저 반응한다. 코끼리는 "이 사
람이 내 편인가, 적인가?"부터 판단한다. 적으로 인식되는 순간, 코
끼리는 벽을 세운다. 아무리 완벽한 논리도 그 벽을 뚫지 못한다.

그래서 설득하려면 먼저 관계를 구축해야 한다. 같은 편임을 보
여줘야 한다. 공통점을 찾고 상대의 입장을 이해한다는 신호를 보내
라. "당신 말도 일리가 있네요"라고 시작하라. 코끼리가 경계를 풀어
야, 기수가 대화할 공간이 생긴다.

"누군가의 생각을 바꾸고 싶다면, 자신의 관점뿐만 아니라 그 사
람의 관점에서도 사물을 바라봐야 한다."

—『바른 마음』

둘째, 논리가 아니라 이야기로 말하라

코끼리는 숫자가 아니라 감정으로 움직인다. 데이터는 기수를 설득할 수 있지만, 코끼리는 흔들리지 않는다. 코끼리를 움직이려면 이야기가 필요하다. "교통사고 사망자가 연간 3,000명입니다"보다 "어제 옆집 아이가 교통사고로 죽었어요"가 더 강력하다. 추상적 숫자는 기수에게 말하지만, 구체적 이야기는 코끼리의 가슴을 친다. 통계로 설득하려 하지 마라. 한 사람의 얼굴을, 한 가지 사연을, 한 번의 경험을 보여줘라. 코끼리는 그때 움직인다.

셋째, 단번에 바꾸려 하지 마라

코끼리는 갑자기 방향을 바꾸지 않는다. 처음부터 큰 변화를 요구하면 저항한다. 심리학에 '문간에 발 들여놓기^{foot-in-the-door}' 기법이 있다. 작은 요청부터 시작해 점진적으로 큰 요청으로 나아가는 것이다. 환경운동 실험이 있었다. 처음부터 "마당에 대형 간판을 세워주세요"라고 하면 대부분 거절했다. 하지만 먼저 "작은 스티커를 붙여주세요"라고 하면 동의했다. 2주 후 같은 사람들에게 대형 간판을 요청하자 절반 이상이 동의했다. 코끼리가 한 발 움직이면, 다음 발걸음은 더 쉬워진다. 설득할 때 처음부터 결론을 밀어붙이지 마라. "이 부분만큼은 동의하시죠?" 같은 작은 틈을 찾아라.

실전: 갈등 해결

다시 설거지 싸움으로 돌아가자. 왜 2시간 동안 싸워도 해결이 안 됐을까? 둘 다 기수끼리 싸웠기 때문이다. 논리 대 논리. 증거 대 증거. 하지만 진짜 문제는 코끼리에 있었다.

그녀의 코끼리: "나는 존중받지 못하고 있어. 당연하게 여겨지고 있어. 화가 나."

그의 코끼리: "나는 비난받고 있어. 인정받지 못하고 있어. 억울해."

설거지는 진짜 문제가 아니다. 진짜 싸움은 존중과 인정을 둘러싼 감정의 싸움이다. 감정을 건드리지 않고 논리만 주고받으니 해결이 안 된다. 상대의 코끼리를 먼저 달래라. "당신이 힘들었구나. 내가 신경을 못 썼네." 이 한마디가 상대의 코끼리를 진정시킨다. 코끼리가 진정되면, 기수가 합리적으로 대화할 공간이 생긴다. 논리로 이기려 하면 코끼리가 더 흥분한다. 감정을 인정하면 코끼리가 가라앉는다. 감정을 다루는 것이 문제 해결의 지름길이다.

코끼리를 훈련하는 법

지금까지 남의 코끼리를 설득하는 법을 봤다. 이제 가장 중요한 질문이 남았다. 내 코끼리는 어떻게 다뤄야 하는가? 코끼리는 강력하다. 기수는 약하다. 그렇다면 우리는 코끼리에게 끌려다닐 수밖에 없는가? 하이트의 답은 이렇다. 코끼리를 직접 통제할 순 없다. 하지만 훈련할 수는 있다. 천천히, 간접적으로, 시간을 들여서.

"코끼리는 훈련될 수 있다. 하지만 논쟁이나 명령으로는 안 된다."

—『바른 마음』

첫째, 환경을 설계하라

코끼리 자체를 바꾸려 하지 마라. 코끼리가 가는 길을 바꿔라. 야식을 끊고 싶은가? 배달 앱을 삭제하라. 집에 야식거리를 두지 마라. 코끼리가 치킨을 원해도 갈 길이 없으면 못 간다. 운동을 하고 싶은가? 운동복을 침대 옆에 두라. 아침에 눈 뜨자마자 보이게. 코끼리의 저항을 줄여라. 하이트는 이것을 가장 강력한 방법으로 꼽는다. 의지력으로 코끼리와 싸우면 진다. 하지만 환경을 바꾸면 코끼리는 자연스럽게 다른 방향으로 간다. 좋은 행동은 쉽게, 나쁜 행동은 어렵게.

둘째, 습관을 만들어라

코끼리는 반복을 통해 배운다. 한 번에 바꾸려 하지 마라. 작게 시작해서 반복하라. 하이트는 말한다. 코끼리를 훈련하는 가장 좋은 방법은 습관이다. 같은 행동을 같은 시간에 같은 장소에서 반복하라. 처음엔 기수가 코끼리를 억지로 끌고 간다. 하지만 열 번, 스무 번 반복하면 코끼리가 스스로 그 길로 가기 시작한다. 매일 아침 7시에 운동복을 입고 밖으로 나간다. 처음엔 코끼리가 "싫어"라고 한다. 하지만 한 달 후, 7시가 되면 코끼리가 먼저 일어나려 한다. 습관이 형성된 것이다. 반복이 코끼리를 길들인다.

셋째, 명상으로 간격을 만들어라

하이트는 『행복의 가설』에서 명상을 코끼리 훈련의 중요한 방법으로 소개한다. 명상은 코끼리를 약하게 만들지 않는다. 대신 코끼리와 기수 사이에 작은 공간을 만든다. "코끼리가 반응했네"라고 인식하는 순간, 자동 반응에서 한 발짝 물러설 수 있다. 화가 치밀어 오른다. 명상을 하지 않으면, 코끼리의 분노가 바로 말과 행동으로 터진다. 명상을 하면, "아, 지금 내 코끼리가 화내고 있네"라고 알아차린다. 0.5초의 간격. 그 간격에서 기수가 개입할 여지가 생긴다. 알아차림이 선택을 만든다.

넷째, 시간을 줘라

코끼리는 천천히 바뀐다. 하루아침에 변하길 기대하지 마라. 하이트는 말한다. 코끼리에게 시간을 줘라. 새로운 환경에 익숙해질 시간. 새로운 습관을 형성할 시간. 새로운 경험을 축적할 시간. 다이어트를 시작했는데 3일 만에 실패했다고 자책하지 마라. 코끼리는 40년 동안 야식을 좋아했다. 3일 만에 바뀔 리 없다. 실패해도 다시 시작하라. 열 번, 스무 번. 코끼리는 조금씩 배운다. 인내가 코끼리를 바꾼다.

다섯째, 자신의 코끼리를 알아라

코끼리를 훈련하려면 먼저 자신의 코끼리를 알아야 한다. 당신의 코끼리는 무엇을 두려워하는가? 무엇에 끌리는가? 언제 흥분하는가? 하이트는 이것을 "자기 지식Self-knowledge"이라고 부른다. 자신의 코끼리를 관찰하라. "아, 나는 거절당하는 게 무서워서 화를 내는구나." "나는 인정받고 싶어서 과시하는구나." 코끼리를 알면 코끼리와 싸우지 않게 된다. 대신 협력하게 된다. "내 코끼리는 안정을 원하는구나. 그럼 변화를 작게 만들자." 이해가 통제의 시작이다.

코끼리는 적이 아니다 : 하이트의 감정 진단술

우리는 코끼리에게 끌려다니는 존재다. 하지만 완전히 무력한 것은 아니다. 환경을 바꿀 수 있다. 습관을 만들 수 있다. 명상할 수 있다. 시간을 들일 수 있다. 자기를 알 수 있다. 타인을 이해할 수 있다. 코끼리는 우리가 이겨야 할 적이 아니다. 함께 방향을 맞춰야 할 파트너다. 수백만 년 진화로 다듬어진, 생존을 위해 설계된 강력한 도구이기 때문이다. 그러니 코끼리를 억압하려 하지 마라. 코끼리를 이해하라. 그리고 코끼리와 협력하라.

- 『**행복의 가설**』 행복에 대한 통찰　　　　　　　　　　　난이도 ★★☆☆☆
- 『**바른 마음**』 도덕 심리학의 정수　　　　　　　　　　난이도 ★★☆☆☆

매슬로의
욕구 단계

배고픈 자는 자아실현을 말하지 않는다

05

Abraham Harold
Maslow

"꿈을 좇아라." "자아를 실현하라." "진정한 나를 찾아라." 우리는 이런 말을 수없이 듣는다. 하지만 에이브러햄 매슬로는 불편한 질문을 던진다. 당신은 그럴 자격이 있는가? 배가 고픈 사람에게 자아실현을 말하는 것은 잔인하다. 안전이 위협받는 사람에게 꿈을 좇으라는 것은 공허하다. 매슬로는 인간 욕구에 위계가 있다고 말한다. 아래층이 채워지지 않으면 위층은 의미가 없다. 당신이 지금 무엇을 원하는지, 왜 그것을 원하는지, 매슬로의 피라미드가 알려준다. 매슬로의 심리학을 안다는 것은 '욕구 피라미드'를 단순히 안다는 게 아니다. 매슬로처럼 인간의 욕구를 입체적으로 보는 것이다.

굶주린 자의 세계

....

1944년, 미네소타 대학교. 36명의 젊은 남성이 실험에 참가했다. 목적은 기아 상태가 인간에게 미치는 영향을 연구하는 것이었다. '미네소타 기아 실험'으로 알려진 이 연구는 13개월간 진행됐다. 참가자들은 하루 섭취 칼로리를 절반 이하로 줄였다. 처음엔 괜찮았다. 하지만 몇 주가 지나자 변화가 시작됐다. 그들은 음식에 집착했다. 대화 주제는 음식뿐이었다. 요리책을 미친 듯이 읽고 식당 메뉴를 수집했다. 꿈에서도 음식이 나왔다. 한 참가자는 훗날 이렇게 회상했다. "우리는 음식 외에는 아무것도 생각할 수 없었다." 더 심각한 변화가 있었다. 그들의 성격이 바뀌었다. 사교적이던 사람이 폐쇄적으로 변하게 됐다. 유머 감각이 사라졌다. 지적 관심이 줄었다. 성욕이 사라졌다. 미래에 대한 계획? 꿈? 야망? 전부 희미해졌다. 오직 하나, 음식만 남았다. 에이브러햄 매슬로는 이러한 현상을 이론화했다.

"인간이 빵만으로 사는 것은 사실이다 — 빵이 없을 때는. 하지만 빵이 충분하고 배가 늘 부를 때, 인간의 욕구에는 무슨 일이 일어나는가? 즉시 다른 (그리고 더 높은) 욕구들이 나타나며, 생리적 욕구가 아닌 이것들이 유기체를 지배한다."

배고픔이 해결되면 다른 욕구가 등장한다. 하지만 배고픔이 해결되지 않으면 다른 욕구는 존재하지 않는다. 이것이 욕구 단계 이론의 출발점이다.

매슬로, 인간의 가능성을 보다

....

에이브러햄 매슬로는 뉴욕 브루클린에서 러시아계 유대인 이민자 가정에서 태어났다. 가난했고, 외로웠고, 불행한 어린 시절을 보냈다. 그는 훗날 자신의 어린 시절을 "비참했다"고 회상했다. 아이러니하게도, 이 불행한 경험이 그의 학문적 방향을 결정했다. 프로이트와 행동주의가 심리학을 지배하던 시대, 매슬로는 불만이 있었다. 프로이트는 인간을 신경증 환자로 봤다. 억압된 욕망, 어린 시절의 트라우마, 무의식적 갈등. 인간은 병든 존재였다. 행동주의는 인간을 자극에 반응하는 기계로 봤다. 쥐와 비둘기 실험으로 인간을 설명하려 했다. 그들에게 인간은 복잡한 동물일 뿐이었다. 매슬로는 물었다. 왜 병든 사람만 연구하는가? 왜 동물로 인간을 설명하는가? 건강하고, 성숙하고, 성공적인 사람을 연구하면 안 되는가?

"마치 프로이트가 심리학의 병든 절반을 제공한 것 같다. 이제 우리는 건강한 절반으로 그것을 채워야 한다."

—『존재의 심리학』

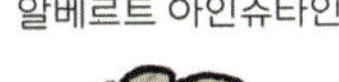

그는 방향을 틀었다. 신경증 환자 대신 역사상 위대한 인물들을 연구했다. 그들에게서 공통점을 찾았다. 무엇이 그들을 위대하게 만들었는가? 무엇이 인간을 완전하게 만드는가? 이 연구의 결과가 '욕구 단계 이론Hierarchy of Needs'이다.

피라미드의 구조

....

매슬로는 인간의 욕구를 다섯 단계로 구분했다. 흔히 피라미드로 시각화된다.

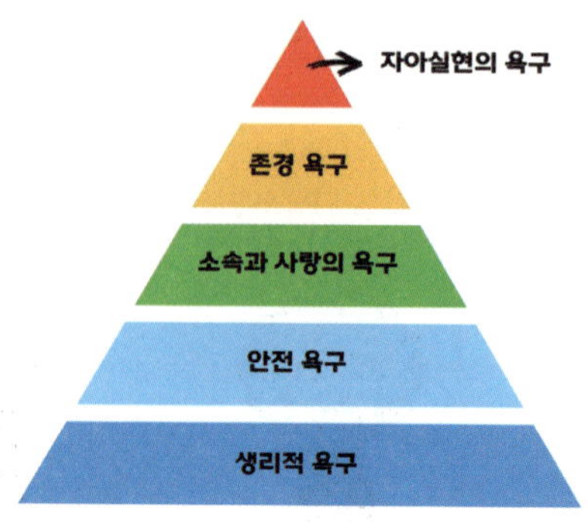

1단계: 생리적 욕구 Physiological Needs

가장 기본적인 욕구다. 음식, 물, 공기, 수면, 체온 유지, 배설, 성욕. 생존을 위해 필수적인 것들이다. 이것이 충족되지 않으면 다른 모든 것은 의미가 없다. 미네소타 기아 실험이 보여줬듯이, 굶주린 사람의 의식은 오직 음식으로만 가득 찬다.

"생리적 욕구가 지배하는 사람에게 유토피아는 간단히 정의된다. 음식이 풍부한 곳. 그런 사람에게 삶 자체가 먹는 것으로 정의된다. 다른 모든 것은 중요하지 않다."

—『동기와 성격』

2단계: 안전 욕구 Safety Needs

배가 부르면 그다음은? 안전이다. 신체적 안전, 정서적 안정.

불안정한 환경에서는 모든 에너지가 안전 확보에 쓰인다. 전쟁터의 사람, 폭력적인 가정의 아이, 실직 위기의 직장인. 그들은 더 높은 욕구를 추구할 여유가 없다. 매슬로는 어린아이를 관찰했다. 아이는 예측 가능한 세상을 원한다. 규칙적인 일과, 익숙한 환경, 신뢰할 수 있는 어른. 이것이 깨지면 아이는 불안해한다.

3단계: 소속과 사랑의 욕구 Love and Belonging Needs

배도 부르고 안전도 확보됐다. 그다음은? 연결이다. 사랑받고 싶고, 소속되고 싶다. 친구, 가족, 연인, 공동체. 인간은 사회적 동물이다. 고립은 고통이다. 감옥에서 독방 수감이 가장 가혹한 처벌 중 하나로 여겨지는 데에는 이유가 있다. 특히 현대 사회는 물질적으로는 풍요롭지만, 외로움은 전염병처럼 퍼졌다. 생리적 욕구와 안전 욕구는 충족됐지만, 소속 욕구가 채워지지 않는 사람들이 많다.

4단계: 존경 욕구 Esteem Needs

소속되었고 사랑받는다. 그다음은? 인정이다. 존중받고 싶다. 그리고 스스로 존중하고 싶다. 매슬로는 존경 욕구를 두 가지로 구분했다.

- 타인으로부터의 존경 Esteem from others: 인정, 지위, 명성, 관심, 중요하게 여겨지는 느낌.
- 자기 존중 Self-esteem: 자기 존중, 자신감, 유능감, 독립성, 자유.

매슬로는 두 가지 모두 필요하다고 보았지만, 외부 평가에 의존한 존경보다, 내면에서 형성된 자기 존중이 더 안정적이라고 보았다.

"가장 건강한 자존감이란, 실제 능력, 성취, 그리고 타인으로부터의 존중 위에 견고하게 기초한 것을 의미한다.

— 「인간 동기 이론」, Psychological Review (1943)

5단계: 자아실현 욕구Self-Actualization

마침내 정상이다. 자아실현. 자신이 될 수 있는 모든 것이 되는 것.

"음악가는 음악을 만들어야 하고, 화가는 그림을 그려야 하고, 시인은 시를 써야 한다. 만약 그가 궁극적으로 자기 자신과 평화롭기를 원한다면. 인간이 될 수 있는 것이 되어야 한다. 이 욕구를 우리는 자아실현이라 부른다."

—『동기와 성격』

자아실현은 잠재력의 완전한 발휘다. 하지만 이것은 드물다. 매슬로 추정에 따르면, 인구의 2%만이 진정한 자아실현에 도달한다.

결핍 욕구와 성장 욕구

·········

매슬로는 다섯 단계를 두 범주로 나누었다.

- 결핍 욕구Deficiency Needs, D-needs: 1-4단계

  무언가가 부족해서 생기는 욕구다. 배고픔은 음식의 결핍, 외로움은 연결의 결핍, 열등감은 인정의 결핍.

- 결핍 욕구의 특징:

  부족할 때 강해지고, 채워지면 약해진다.

  채워지지 않으면 신경증적 병리가 생긴다. 만성 불안, 강박적 집착·의존,

  열등감과 과잉 보상 등.

  주로 외부 조건에 의존한다.

- 성장 욕구Being Needs, B-needs: 5단계

  결핍이 아니라 성장에서 생기는 욕구다. 무언가가 없어서가 아니라, 더

  되고 싶어서.

- 성장 욕구의 특징:

  채워질수록 더 강해진다.

  채워지지 않으면 메타병리meta-pathology가 생긴다. 공허함, 무의미함.

  외부 결핍에서 비롯되지 않으며, 충족의 핵심은 내면적 경험에 있다.

결핍 욕구를 채우는 것은 '결핍 동기D-motivation'다. 문제를 해결하려는 동기. 고통을 피하려는 동기. 성장 욕구를 채우는 것은 '존재 동기B-motivation'다. 더 나아지려는 동기. 기쁨을 향해 가려는 동기. 매슬로는 결핍 동기와 존재 동기가 세계를 지각하는 방식 자체를 바꾼다고 주장했다. 그는 '존재 인지B-cognition'라는 개념을 제시했다. 이것은 대상을 실용적 목적이 아니라 그 자체로 경험하는 지각 방식이다.

예를 들어, 아름다운 풍경을 본다고 가정하자.

- 결핍 인지: "이걸 어떻게 이용할까?"
- 존재 인지: "이 자체로 아름답다"

결핍 동기로 움직이는 사람은 환경을 위협이나 자원의 원천으로 본다. 존재 동기로 움직이는 사람은 환경을 그 자체로 인식하고 감상한다.

INSIGHT

지금 당신을 움직이는 것은 무엇인가? 무언가가 부족해서 채우려는 것인가(결핍 동기)? 아니면 더 되고 싶어서 나아가려는 것인가(성장 동기)? 결핍 동기는 급하고 불안하다. 성장 동기는 충만하고 자발적이다. 지금 당신의 동기가 어디서 오는지 점검하라.

자아실현자의 특성

....

매슬로는 자아실현에 도달한 사람들을 연구했다. 링컨, 제퍼슨, 아인슈타인, 엘리너 루스벨트, 스피노자, 베토벤. 그리고 자신이 직접 만난 사람들. 그리고 그들에게서 공통된 특성을 발견했다.

1	**현실의 효율적 지각**	자아실현자는 세상을 있는 그대로 본다. 자기 욕구나 두려움으로 왜곡하지 않는다. 거짓과 진실을 구별하는 능력이 뛰어나다. 불확실성을 견딘다.
2	**자기와 타인의 수용**	자신의 약점과 결점을 받아들인다. 타인도 마찬가지. 있는 그대로를 인정한다. 죄책감, 수치심, 불안이 적다. 자기 본성에 편안하다.
3	**자발성, 단순성, 자연스러움**	행동이 자연스럽다. 억지로 꾸미지 않는다. 내면의 동기에서 움직인다. 관습에 얽매이지 않지만, 불필요하게 반항하지도 않는다.
4	**문제 중심성**	자기 자신보다 외부의 문제에 관심이 많다. 사명감이 있다. 인생에 목적이 있다. 자기 밖의 무언가에 헌신한다.
5	**독립성과 고독의 필요**	혼자 있어도 괜찮다. 오히려 고독을 필요로 한다. 다른 사람의 의견에 좌우되지 않는다. 내적 기준으로 판단한다.
6	**지속적 신선함의 감상**	일상적인 것에서도 경이로움을 느낀다. 천 번째 일몰도 첫 번째처럼 감상한다. 삶의 기본적인 것들에 감사한다.
7	**절정 경험** Peak Experience	신비롭고 황홀한 순간을 경험한다. 시간과 공간을 초월한 느낌. 존재의 충만함. 모든 것이 연결되어 있다는 인식.

8	**인류애**	인류 전체에 대한 사랑과 동정심. 특정 집단이 아니라 인간 전체에 대한 관심.
9	**깊은 대인관계**	많은 사람과 피상적 관계보다 소수와 깊은 관계. 진정한 친밀감.
10	**민주적 성격**	인종, 계급, 교육 수준에 관계없이 사람을 존중한다. 배울 준비가 되어 있다.
11	**수단과 목적의 구별**	윤리적이다. 목적이 수단을 정당화하지 않는다. 과정 자체를 즐긴다.
12	**철학적 유머 감각**	공격적이거나 우월감에 기반한 유머가 아니다. 인간 조건에 대한 철학적, 자기 성찰적 유머.
13	**창의성**	특별한 재능이 아니라 삶을 대하는 태도로서의 창의성. 모든 일에서 신선하고 독창적인 접근.
14	**문화 초월**	자기 문화에 속하면서도 그것을 객관적으로 볼 수 있다. 어디에나 적응하면서도 어디에도 완전히 속하지 않는다.

이 특성들을 자기 점검 도구로 사용하라. 당신은 현실을 있는 그대로 보는가? 자신을 수용하는가? 혼자 있어도 괜찮은가? 삶에 목적이 있는가? 이 질문들이 자아실현을 향한 이정표가 된다.

절정 경험: 순간의 자아실현

·········

매슬로의 독특한 개념 중 하나가 '절정 경험^{Peak Experience}'이다.

"당신이 당신 인생에서 가장 놀라운 경험 또는 경험들을 생각해 보기를 바랍니다. 가장 행복한 순간들, 황홀한 순간들, 황홀경의 순간들…"

― 『존재의 심리학』

음악을 듣다가, 자연을 보다가, 사랑을 나누다가, 창작에 몰입하다가, 운동 중에. 절정 경험은 다양한 상황에서 찾아온다. 절정 경험은 이런 특성이 있다.

- 시간과 공간 감각의 상실

- 자의식의 소멸

- 모든 것이 연결되어 있다는 느낌

- 언어로 표현하기 어려운 경험

- 삶이 의미 있고 가치 있다는 확신

- 두려움, 불안, 억제의 일시적 소멸

- 수동적이면서 능동적인 상태

매슬로는 이것이 종교적 신비 체험과 본질적으로 같다고 봤다. 종교마다 다른 언어로 표현하지만, 핵심 경험은 동일하다. 중요한 것은, 절정 경험이 자아실현자에게만 오는 것은 아니라는 점이다. 누구나 경험할 수 있다. 그리고 이 순간적 경험이 영구적 자아실현으로 가는 힌트가 된다. "이것이 가능하구나. 이런 상태로 살 수 있구나."

당신의 절정 경험을 떠올려보라. 시간이 멈추고, 모든 것이 완벽하게 느껴졌던 순간. 그것이 어떤 상황이었는가? 무엇이 그 경험을 가능하게 했는가? 그 순간들을 더 자주 만들 방법을 찾아라.

욕구 단계의 유연성

....

매슬로의 피라미드는 흔히 경직되게 해석된다. 1단계가 완전히 충족돼야 2단계로 간다는 식으로. 하지만 실상은 매슬로는 더 유연했다.

"우리는 지금까지 이 위계가 고정된 순서인 것처럼 말해왔지만, 실제로는 우리가 암시한 것만큼 경직되어 있지 않다."

— 『동기와 성격』

매슬로가 인정한 예외들은 다음과 같다.

첫째, 순서의 역전이 가능하다

어떤 사람에게는 존중받고 있다는 감각이 사랑보다 중요하다. 어떤 예술가에게는 창작(자아실현)이 안전보다 중요하다. 굶어가면서도 작품을 만드는 예술가가 있다.

둘째, 완전한 충족이 필요하지 않다

1단계가 100% 충족돼야 2단계로 가는 것이 아니다. 대부분의 사람은 각 단계가 부분적으로 충족된 상태로 살아간다. 예를 들어, 생리적 욕구 85%, 안전 욕구 70%, 소속 욕구 50%, 존경 욕구 40%, 자아실현 10% 정도로.

셋째, 욕구는 의식되지 않을 수 있다

굶주린 사람은 배고픔을 명확히 의식한다. 하지만 높은 단계의 욕구는 의식되지 않는 경우가 많다. 무엇이 부족한지 스스로 모르는 것이다. 막연한 불만족, 공허함으로만 느껴진다.

넷째, 문화적 차이가 있다

개인주의 문화와 집단주의 문화에서 욕구의 우선순위가 다를 수 있다. 어떤 문화에서는 소속이 개인적 성취보다 중요하다.

실전: 연애에서의 욕구 단계

....

연애에도 적용된다. 생리적/안전 욕구 단계가 불안정한 사람은 연애에 집중하기 어렵다. 경제적으로 불안정하면 관계도 불안정해지기 쉽다. "사랑만 있으면 돼"는 로맨틱하지만 현실적이지 않다. 소속 욕구가 강한 사람은 연인에게 과도하게 의존할 수 있다. "당신 없이는 못 살아." 이것은 사랑이 아니라 결핍이다. 상대가 모든 소속 욕구를 채워줘야 한다는 압박. 존경 욕구가 채워지지 않은 사람은 연인에게서 인정을 구한다. "나 괜찮지? 나 잘하고 있지?" 끊임없는 확인 요청에 상대는 지친다.

그렇다면 자아실현 수준의 사람은 어떻게 연애하는가? 매슬로는 B-love(존재 사랑)을 D-love(결핍 사랑)와 구분했다. D-love는 말그대로 결핍에서 나오는 사랑이다. 이것은 자신의 욕구를 채우기 위한 사랑이다. 반면 B-love는 존재 자체에 대한 사랑이다. 상대방의 존재 자체를 사랑하는 것이다. 자아실현자들은 B-love를 경험한다. 그들은 타인의 사랑과 애정으로부터 독립적이며, 내적 성장을 더 중요하게 여긴다.

- 결핍에서 시작된 사랑: "당신이 나를 채워줘."
- 풍요에서 시작된 사랑: "나는 이미 충만해. 그 충만함을 당신과 나누고 싶어."

전자는 집착이 되기 쉽고, 후자는 자유롭다.

연애가 힘들다면, 상대가 문제인지 나의 결핍이 문제인지 점검하라. 상대에게 너무 많은 것을 요구하고 있다면, 그것은 내 안의 채워지지 않은 욕구가 상대에게 투사된 것일 수 있다. 상대를 바꾸기 전에 내 욕구 피라미드를 점검하라.

돈과 행복

....

돈은 행복을 살 수 있는가? 매슬로의 프레임으로 답하자면 어느 수준까지는 그렇다. 돈은 1-2단계를 확실히 해결한다. 배고픔, 추위, 불안정. 기본적인 생존과 안전. 이 수준에서 돈이 늘면 행복도 확실히 늘어난다. 연구에 따르면, 연소득이 약 7-8만 달러까지는 소득이 증가할수록 일상적 행복도 증가한다. 하지만 그 이상에서는 돈과 행복의 상관관계가 약해진다. 왜? 1-2단계가 충족됐기 때문이다. 3단계 이상은 일반적으로 돈으로는 살 수 없다. 친구를 살 수 없다. 사랑을 살 수 없다. 진정한 존경을 살 수 없다. 자아실현을 살 수 없다. 부자이면서 불행한 사람이 있다. 그들은 대개 3단계 이상에서 결핍이 있다. 돈으로 해결되지 않는 결핍. 반대로, 가난하지만 행복한 사람도 있다. 기본적 필요가 채워지고, 사랑하는 사람들과 연결되어 있고, 의미 있는 삶을 사는 사람.

비판과 한계

....

매슬로의 이론은 영향력이 크지만 비판도 많다.

첫째, 경험적 증거의 부족

매슬로는 엄격한 실험 연구보다 관찰과 임상 경험에 의존했다. 피라미드의 순서가 보편적이라는 과학적 증거가 부족하다.

둘째, 문화적 편향

서구 개인주의 문화에 기반했다. 집단주의 문화에서는 개인의 자아실현보다 집단의 조화가 우선일 수 있다. 욕구의 위계가 문화마다 다를 수 있다.

셋째, 엘리트주의적 경향

자아실현자 연구가 대부분 서구의 성공한 백인 남성에 집중됐다. 여성, 소수자, 비서구인의 경험이 반영되지 않았다.

넷째, 정의의 모호함

"자아실현"이 정확히 무엇인지 모호하다. 측정하기 어렵다. 주관적 개념이다.

매슬로 자신 역시 이런 한계를 알았다. 그는 자신의 이론이 완성된 것이 아니라 시작점이라고 여겼다.

"현재의 이론은 미래 연구를 위한 제안된 프로그램 또는 틀로 고려되어야 한다. 이 이론은 이용 가능한 사실이나 제시된 증거에 의해서가 아니라, 수행되어야 할 연구에 의해, 아마도 이 논문에서 제기된 질문들에 의해 제안된 연구에 의해 성립하거나 실패할 것이다."

—「인간 동기 이론」

후기 매슬로: 자기초월

....

매슬로는 말년에 이론을 수정했다. 기존 5단계에 여러 단계를 추가했다. 특히 자아실현 욕구 위에도 한 단계를 추가한다. '자기초월 Self-Transcendence' 욕구다.

"초월은 인간 의식의 가장 높고 가장 포괄적이거나 전체적인 수준을 가리킨다. 수단이 아닌 목적 그 자체로서, 자기 자신, 중요한 타인들, 일반적인 인간, 다른 종, 자연, 그리고 우주에 대해 행동하고 관계 맺는 것이다"

— 『The Farther Reaches of Human Nature』

자기초월은 자기 자신을 넘어서는 것을 의미한다. 자기 외부의 더 큰 목적, 더 큰 존재, 더 큰 의미와 연결되는 것을 말한다. 예를 들어 타인을 위한 봉사, 자연과의 합일, 영적 경험 등이 해당된다. 자아실현이 "나 자신이 되는 것"이라면, 자기초월은 "나를 넘어서는 것"이다.

따라서 자기초월 욕구 단계는 "나는 누구인가?"를 넘어 "나는 무엇을 위해 존재하는가?"에 집중하며, 자신을 넘어선 외부의 가치에 헌신하는 단계라 할 수 있다. 이것은 매슬로가 죽기 직전에 발전시

킨 개념이라 충분히 정교화되지 못했다. 하지만 그럼에도, 매우 중요한 통찰을 담고 있다. 인간 성장은 자아실현에서 멈추지 않는다.

인간의 가능성 : 매슬로의 욕구 계층 탐지술

기억하라. 피라미드의 꼭대기는 특별한 사람만의 것이 아니다. 당신도 갈 수 있다. 아래층을 하나씩 채우면서. 자신이 될 수 있는 모든 것이 되면서. 매슬로는 인간의 가능성을 믿었다. 당신 안에도 그 가능성이 있다.

매슬로 더 읽기

- 『**동기와 성격**』 욕구 단계 이론의 원전 　　　　　난이도 ★★☆☆☆
- 『**존재의 심리학**』 자아실현 심층 탐구 　　　　　난이도 ★★★☆☆

*Abraham Harold
Maslow*

프랭클의 의미 치료

고통도 의미가 있으면 견딘다

06

Viktor Emil Frankl

인간은 쾌락을 원한다고 프로이트는 말했다. 인간은 권력을 원한다고 아들러는 말했다. 하지만 빅터 프랭클은 말한다. 인간이 진정으로 원하는 것은 의미다. 쾌락도, 권력도, 심지어 행복도 의미를 찾는 과정의 부산물일 뿐이다. 아우슈비츠에서 살아남은 정신과 의사가 발견한 진실. 고통은 피할 수 없다. 하지만 의미 있는 고통은 견딜 수 있다. 당신의 삶에 의미가 있는가? 그 질문이 삶과 죽음을 가른다. 프랭클의 심리학을 안다는 것은 '의미치료'라는 단어를 외우는 게 아니다. 프랭클처럼 의미를 중심에 놓는 것이다.

지옥에서 살아남은 자들

·········

1944년, 아우슈비츠 수용소. 굶주림, 추위, 질병, 폭력. 매일 사람들이 죽어갔다. 가스실로 끌려가거나, 굶어 죽거나, 병들어 죽거나, 맞아 죽거나. 생존 확률은 희박했다. 빅터 프랭클은 정신과 의사였다. 그는 수용소에서 한 가지 질문에 사로잡혔다. 같은 조건에서 어떤 사람은 살아남고 어떤 사람은 포기하는가? 무엇이 그 차이를 만드는가? 체력? 아니었다. 건장한 남자기 먼지 무니지는 경우도 낳았다. 운? 물론 운도 있었다. 하지만 그것만으로 설명되지 않았다.

　　프랭클은 관찰했다. 살아남은 사람들에게 공통점이 있었다. 그들에게는 '살아야 할 이유'가 있었다. 어떤 사람은 바깥에서 기다리는 가족을 생각했다. 어떤 사람은 끝내야 할 일을 생각했다. 어떤 사람은 증언해야 할 진실을 생각했다. 프랭클 자신은 다시 써야 할 원고를 생각했다. 수용소에 끌려오면서 압수당한, 평생의 연구가 담긴 원고. 반면, 포기한 사람들은 달랐다. 어느 날 아침, 그들은 일어나지 않았다. 담배를 피우기 시작했다. 수용소에서 담배는 화폐였다. 식량과 교환할 수 있었다. 담배를 피운다는 것은 미래를 포기했다는 신호였다. 프랭클은 말했다. 인간에게서 모든 것을 빼앗을 수는 있어도, 마지막 한 가지 자유, 즉 자신의 태도를 선택할 자유는 남는다고. 그리고 삶의 의미를 아는 사람, 삶이 자신에게 무엇을 기대하는지 아는 사람은 어떤 고난도 견딜 수 있다고 했다. 살아남은 자와 죽은 자의 차이. 그것은 체력이나 운이 아니었다. 의미였다.

의미에 대한 의지

....

프로이트는 인간의 근본 동기를 '쾌락에 대한 의지Will to Pleasure'라고 봤다. 인간은 쾌락을 추구하고 고통을 피한다. 아들러는 '권력에 대한 의지Will to Power'라고 봤다. 인간은 열등감을 극복하고 우월해지려 한다. 프랭클은 둘 다 부분적 진실이라고 인정했다. 하지만 더 근본적인 것이 있다고 주장했다.

"인간의 주된 관심사는 쾌락을 얻거나 고통을 피하는 것이 아니라, 삶에서 의미를 보는 것이다. 그래서 인간은 고통을 감수할 준비가 되어 있다. 물론 그 고통에 의미가 있다는 조건 하에서.”

— 『죽음의 수용소에서』

이것이 '의미에 대한 의지Will to Meaning'다. 수용소 경험이 이를 증명했다. 굶주림과 고통 속에서도 의미를 가진 사람은 버텼다. 쾌락은커녕 생존도 보장되지 않는 상황에서, 의미가 사람을 살렸다. 프랭클은 니체를 인용했다.

“살아야 할 이유가 있는 사람은 거의 어떤 상황도 견딜 수 있다.”

— 프리드리히 니체

쾌락은 의미의 부산물이다. 의미 있는 삶을 살면 쾌락은 따라온다. 하지만 쾌락 자체를 직접 추구하면, 그것은 손가락 사이로 빠져나간다. 행복도 마찬가지다.

“행복은 추구될 수 없다. 그것은 따라와야 한다. 사람은 '행복해질' 이유가 있어야 한다.”

— 『죽음의 수용소에서』

실존적 공허

....

현대인의 병이 있다. 프랭클은 이것을 '실존적 공허 Existential Vacuum'
라고 불렀다.

"어떤 본능도 그에게 무엇을 해야 할지 말해주지 않고, 어떤 전
통도 그에게 무엇을 해야 할지 말해주지 않는다. 때로는 그가 무
엇을 원하는지조차 모른다."

— 『죽음의 수용소에서』

전통 사회에서 의미는 주어졌다. 종교가, 공동체가, 문화가 삶의
의미를 제공했다. "왜 사는가?"라는 질문에 답이 있었다. 현대 사회
는 다르다. 종교의 권위는 약해졌다. 공동체는 해체됐다. 전통은 구
속으로 여겨진다. 자유는 얻었지만, 대가가 있다. 스스로 의미를 찾
아야 한다.

많은 사람들이 그 과제에 실패한다. 그래서 공허하다. 프랭클은 실존적 공허가 다음과 같은 전형적인 표현과 결과로 나타난다고 설명한다.

- 권태: 아무것도 재미없다.

- 공허함: 뭔가 빠진 느낌.

- 무의미함: "이게 다 뭔 소용이지?"

- 우울감: 일어날 이유가 없다.

- 중독: 공허를 채우려는 시도(알코올, 약물, 도박, 쇼핑, 성적 행위, 스마트폰).

- 공격성: 이유 없는 분노로 표출되기도 한나.

- 자살 충동: 극단적인 경우에 나타날 수 있다.

사람들은 충분히 가지고 있다. 하지만 살아야 할 무언가가 없다.

INSIGHT

막연히 공허함이나 권태로움을 느낀다면, 실존적 공허일 수 있다. "내 삶에 의미가 있는가?"라고 자문하라. 명확한 답이 없다면, 그것이 공허의 원인일 수 있다. 바쁨으로 공허함을 채우려 하지 마라. 바쁨은 공허를 잠시 가릴 뿐, 해결책이 될 수 없다.

의미를 찾는 세 가지 길

....

의미는 어디서 오는가? 프랭클은 세 가지 경로를 제시한다.

첫째, 창조적 가치 Creative Values

무언가를 만들거나 행함으로써 의미를 찾는다. 일, 작품, 업적. 세상에 무언가를 기여하는 것. 빵을 굽든, 책을 쓰든, 코드를 짜든, 아이를 키우든. 자신의 행위를 통해 세상에 흔적을 남기는 것.

"창조적 가치는 그가 자신의 창조물을 통해 세상에 기여하는 것으로 실현된다."

— 『죽음의 수용소에서』

둘째, 경험적 가치 Experiential Values

무언가를 경험함으로써 의미를 찾는다. 아름다움, 진리, 사랑. 세상으로부터 무언가를 받는 것. 음악을 듣고, 자연을 보고, 사랑하는 사람과 함께하고. 존재의 순간을 충만하게 경험하는 것. 사랑은 경험적 가치의 정점이다.

"사랑은 다른 인간 존재의 인격 가장 깊은 핵심을 파악하는 유일한 방법이다. 누구도 사랑하지 않고서는 다른 인간 존재의 본질을 완전히 알 수 없다. 사랑을 통해 우리는 사랑하는 사람의 본질적 특성을 볼 수 있다. 더 나아가, 그 안에 있는 잠재력, 아직 실현되지 않았지만 실현되어야 할 잠재력을 본다."

—『죽음의 수용소에서』

프랭클은 수용소에서 아내를 생각하며 버텼다. 아내가 살아 있는지 죽었는지도 몰랐다. 하지만 그녀를 향한 사랑, 그녀와의 내면적 대화가 그를 살렸다.

셋째, 태도적 가치 Attitudinal Values

피할 수 없는 고통에 어떤 태도를 취하느냐. 거기서 의미를 찾는다. 이것이 프랭클의 가장 독창적인 통찰이다. 창조도 불가능하고, 경험도 불가능할 때. 모든 것을 빼앗겼을 때. 그래도 남는 것이 있다. 태도.

"인간에게서 모든 것을 빼앗을 수 있다. 단 한 가지만 빼고. 인간의 마지막 자유. 어떤 상황에서든 자신의 태도를 선택할 자유."

— 『죽음의 수용소에서』

수용소에서 프랭클은 목격했다. 같은 고통을 겪으면서도 어떤 사람은 품위를 유지했다. 다른 사람을 위로했다. 마지막 빵을 나눴다. 죽어가면서도 인간다웠다. 반면 어떤 사람은 야수가 됐다. 동료의 빵을 훔쳤다. 살기 위해 무엇이든 했다. 환경은 같았다. 차이는 태도였다. 고통은 피할 수 없다. 하지만 고통에 어떻게 반응할지는 선택할 수 있다. 그 선택에서 의미가 탄생한다.

지금 당신의 삶에서 의미는 어디서 오는가? 창조(무엇을 만들고 있는가)? 경험(무엇을 깊이 느끼고 있는가)? 태도(피할 수 없는 것에 어떻게 반응하는가)? 세 가지 경로 중 어느 것이라도 의미의 원천이 될 수 있다. 하나가 막히면 다른 길이 있다.

고통의 의미

·········

프랭클의 가장 도발적인 주장이다. 고통에도 의미가 있을 수 있다. 이것은 고통을 미화하는 것이 아니다. 프랭클은 명확히 한다. 불필요한 고통은 피해야 한다. 피할 수 있는 고통을 감수하는 것은 어리석음이다. 하지만 피할 수 없는 고통이 있다. 죽음, 질병, 상실. 인간 조건의 일부. 이 고통 앞에서 우리는 무력하다. 상황을 바꿀 수 없다. 그때 남는 것이 태도다. 한 환자의 사례를 보자. 나이 든 남성이 찾아왔다. 그의 아내가 2년 전 죽었다.

그는 극심한 우울에 빠져 있었다. 의사가 물었다. "만약 선생님이 먼저 돌아가시고, 부인이 살아 계셨다면 어땠을까요?" 환자가 답했다. "끔찍했을 겁니다. 아내가 얼마나 고통받았을까요." 의사가 말했다. "선생님이 그 고통을 대신 겪고 계신 겁니다. 부인은 그것을 면했습니다." 프랭클은 설명한다. 상황은 바뀌지 않았다. 아내는 여전히 죽었고, 남성은 여전히 혼자다. 하지만 의미가 생겼다. 고통에 목적이 생겼다. "나는 아내 대신 이 슬픔을 감당하고 있다."

"어떤 식으로든 고통은 의미와 목적, 희생의 성격을 띠는 순간 고통이기를 멈춘다."

— 『죽음의 수용소에서』

> 피할 수 없는 고통 앞에 있다면, "왜 나에게?"라고 묻지 마라. 대신 "이 고통에서 어떤 의미를 찾을 수 있는가?"라고 물어라. 고통이 사라지지는 않는다. 하지만 견딜 수 있게 된다.

비극적 삼각형

·········

프랭클은 인간이 피할 수 없는 세 가지를 '비극의 삼중 구조Tragic Triad'라고 불렀다.

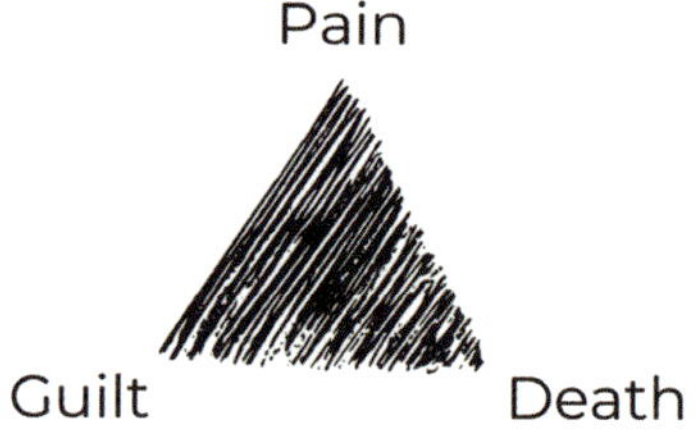

고통Pain

삶에는 고통이 있다. 육체적 고통, 정신적 고통, 관계의 고통. 누구도 예외는 없다.

죄책감Guilt

인간은 실수한다. 잘못된 선택을 하고, 후회할 말을 남긴다. 완벽한 사람은 존재하지 않는다.

죽음 Death

모든 인간은 죽는다. 그리고 인간은, 그것을 알고 살아간다.

이 세 가지는 인간 조건이다. 제거할 수 없고, 그러나 프랭클은 여기서 멈추지 않는다. 그는 말한다. 이 비극의 삼중 구조는 '비극적 낙관주의Tragic Optimism'로 전환될 수 있다고. 고통은 성취와 성장으로 바뀔 수 있다. 죄책감은 더 나은 사람이 되려는 책임감으로 바뀔 수 있다. 죽음의 유한성은 지금을 의미 있게 살려는 결단으로 바뀔 수 있다.

"비극에도 불구하고 ─ 아니, 비극 때문에 ─ 삶에 '예'라고 말하는 것이 가능하다."

— 『죽음의 수용소에서』

낙관주의는 고통을 부정하는 것이 아니다. 고통을 인정하면서도 의미를 선택하는 용기다. 비극을 직시하면서도 삶을 긍정하는 것이다.

실존적 좌절과 누제닉 신경증

....

프랭클은 현대인의 정신적 문제 중 상당수가 '실존적 좌절 Existential Frustration'에서 온다고 봤다. 의미를 찾으려는 의지가 좌절된 상태. 그는 새로운 개념을 제안했다. '누제닉 신경증Noögenic Neurosis'.

일반적인 신경증은 심리적 갈등에서 온다. 프로이트가 다루던 영역이다. 억압된 욕망, 어린 시절 트라우마. 누제닉 신경증은 다르다. 누제닉 신경증은 실존적 공허에서 온다. 심리적 문제처럼 보이지만, 근본적인 원인은 의미의 부재다. 이런 환자에게 프로이트식

분석은 효과가 없다. 어린 시절을 아무리 파헤쳐도 답이 안 나온다. 필요한 건 의미를 찾는 것이다.

증상: • 우울감

• 무의미함

• 권태

• 목적 상실

• "이게 다 뭔 소용이야"

이런 증상이 있다면, 심리적 문제 이전에 실존적 문제가 있는지 점검해야 한다.

우울하거나 무기력하다면, "왜 우울한가"보다 "무엇을 위해 사는가"를 먼저 물어라. 의미의 부재가 원인이라면, 심리 치료보다 의미 찾기가 우선이다.

의미는 발견되는 것이다

중요한 구분이 있다. 의미는 '발명'되는 것이 아니라 '발견'되는 것이다. 프랭클은 주관주의를 거부했다. "내가 의미를 만든다"는 생각을 경계했다.

"삶의 진정한 의미는 인간 내부나 그의 정신 안이 아니라 세상에
서 발견되어야 한다."

—『죽음의 수용소에서』

왜 이 구분이 중요한가? 의미를 스스로 발명한다면, 그것은 자의
적이다. "내가 원한다면 의미"가 되는 구조라면, 아무 것이나 의미가
될 수 있다. 그러면 그것은 아무것도 진정한 의미가 아니란 소리다.

하지만 의미를 발견한다면, 그것은 객관적 요소가 있다. 나 바깥
에 무언가가 있고, 나는 그것을 찾는다. 나를 부르는 무언가가 있고,
나는 그 부름에 응답한다. 프랭클은 말한다.

"행복은 추구될 수 없다. 행복은 저절로 따라와야 한다. 사람은

PART 1.

120

행복해질 이유가 있어야 한다. 이유를 찾으면, 자동으로 행복해진다."

— 『죽음의 수용소에서』

의미는 자기 밖에 있다. 타인에게, 과제에게, 대의에게. 자기 안을 아무리 들여다봐도 의미는 없다. 자기 밖을 봐야 한다.

"성공을 목표로 삼지 마라. 목표로 삼을수록 더 놓치게 된다. 행복처럼 성공도 추구될 수 없다. 그것은 저절로 따라와야 한다. 그리고 그것은 오직 자기보다 더 큰 대의에 헌신하거나 자기가 아닌 다른 사람에게 자신을 바칠 때만 의도하지 않은 부산물로 따라온다."

— 『죽음의 수용소에서』

INSIGHT

"내 삶의 의미는 뭘까"라고 자기 내면만 들여다보지 마라. 밖을 봐라. "세상이 나에게 무엇을 요청하는가?" "내가 응답해야 할 부름은 무엇인가?" 의미는 밖에서 발견된다.

삶이 당신에게 묻는다

....

보통 우리는 묻는다. "삶의 의미가 뭐지?" 프랭클은 뒤집는다. 삶이 우리에게 묻고 있다.

"우리는 삶의 의미가 무엇인지 물어서는 안 된다. 오히려 우리 자신이 질문을 받고 있다는 것을 깨달아야 한다. 삶이 매일, 매 시간 우리에게 질문을 던지고 있다. 우리는 말로가 아니라 행동으로, 올바른 행위로 대답해야 한다."

— 『죽음의 수용소에서』

"삶의 의미가 뭐지?"는 추상적이고, 일반적이고, 답하기 어렵다. "지금 이 상황이 나에게 무엇을 요구하는가?"는 구체적이고, 개인적이고, 답할 수 있다. 지금 이 순간, 삶이 당신에게 묻고 있다. 이 상황에서 무엇을 하겠는가? 이 사람에게 어떻게 반응하겠는가? 이 과제를 어떻게 수행하겠는가? 의미는 추상적 철학이 아니다. 구체적 응답이다. 매 순간의 선택이다. 프랭클은 수용소에서 이것을 깨달았다. 모든 것이 빼앗긴 상황에서 "삶에 무엇을 기대할 수 있을까"라는 질문은 무의미했다. 하지만 "삶이 나에게 무엇을 기대하는가"는 유효했다. 동료를 위로할 수 있었다. 의료 지식을 나눌 수 있었다. 존엄을 유지할 수 있었다.

실전: 일에서의 의미

....

대부분의 사람은 하루의 상당 시간을 일하며 보낸다. 일에서 의미를 찾지 못하면, 삶의 상당 부분이 무의미해진다. 프랭클은 일 자체가 의미를 주지는 않는다고 말한다. 일에 대한 태도가 의미를 만든다. 같은 일을 해도 의미는 다를 수 있다. 유명한 예화가 있다.

벽돌공 세 명에게 물었다. "무슨 일을 하십니까?"

- 첫 번째: "벽돌을 쌓고 있습니다."
- 두 번째: "담을 만들고 있습니다."
- 세 번째: "성당을 짓고 있습니다."

같은 행위, 다른 의미. 세 번째 벽돌공은 자신의 일을 더 큰 목적과 연결했다. 그에게 벽돌 쌓기는 성당 건축의 일부다. 그 성당에서 사람들이 기도할 것이다. 위안을 얻을 것이다. 프랭클은 '자기초월

Self-Transcendence'을 강조한다.

"누군가가 인간 존재의 이러한 자기초월을 살아내는 한에서만, 그는 진정으로 인간이 되거나 진정한 자기 자신이 된다. 그는 자신의 자아실현에 관심을 기울임으로써가 아니라, 자신을 잊고 자신을 내어줌으로써, 자신을 간과하고 바깥을 향함으로써 그렇게 된다"

—『죽음의 수용소에서』

일에서 의미를 찾으려면, 그 일이 자기 밖의 무엇과 연결되는지 봐야 한다. 누구에게 도움이 되는가? 어떤 가치에 기여하는가? 더 큰 그림에서 어떤 역할인가?

INSIGHT

당신의 일이 무의미하게 느껴진다면, 관점을 바꿔라. "이 일이 누구에게 도움이 되는가?" "이 일이 없다면 세상에 무엇이 빠지는가?" 자기 밖과의 연결을 찾아라. 그 연결이 의미가 된다.

실전: 우울과 무의미

우울증 환자에게 프랭클은 묻는다. "왜 자살하지 않았습니까?"

도발적인 질문이다. 하지만 의도가 있다. 환자의 답에서 살아야 할
이유를 찾는 것이다.

"아이들 때문에요."
"해야 할 일이 남아서요."
"부모님이 슬퍼하실까봐요."

그것이 무엇이든, 그것이 그 사람의 의미다. 그 의미를 강화하고,
확장하고, 명확히 하는 것이 치료의 시작이다. 프랭클은 또한 '역설
적 의도Paradoxical Intention'라는 기법을 개발했다.

- 불면증 환자에게: "오늘 밤 최대한 오래 깨어 있으려고 해보세요."
- 불안 환자에게: "일부러 그 증상을 만들어보세요."

역설적이게도, 증상을 피하려 할수록 강해지고, 의도적으로 만
들려 하면 약해진다. 두려움과 싸우는 대신, 두려움을 향해 걸어가
는 것. 이것도 태도의 문제다. 증상의 희생자가 아니라 증상의 주인
이 되는 것.

죽음과 의미

....

프랭클은 죽음을 회피하지 않는다. 오히려 죽음이 의미의 원천이라고 말한다. 영원히 산다면, 오늘 할 필요가 없다. 내일 해도 되고, 100년 후에 해도 된다. 모든 것을 무기한 미룰 수 있고, 아무것도 중요하지 않을 것이다. 하지만 죽는다면, 오늘이 중요하다. 이 순간이 중요하다. 한 번뿐이기 때문이다. 죽음이 삶을 유한하게 만들고, 유한성이 선택을 의미 있게 만든다. 프랭클의 독특한 시간관이 있다. 보통 우리는 과거를 "지나간 것", 미래를 "올 것"으로 본다. 현재만 실재하고, 과거는 사라졌다고 생각한다. 프랭클은 반대로 본다. 과거야말로 가장 안전한 시간이다.

"과거에서는 아무것도 돌이킬 수 없이 사라지지 않는다. 오히려 모든 것이 돌이킬 수 없이 저장된다."

―『죽음의 수용소에서』

당신이 경험한 기쁨, 사랑, 업적, 관계. 그것들은 사라지지 않았다. 과거에 영원히 저장되어 있다. 누구도 빼앗을 수 없다. 이것이 죽음 앞에서 위안이 된다. 삶은 끝나도, 삶의 의미는 과거에 영원히 남는다.

마지막 자유 : 프랭클의 의미 생성술

프랭클은 말했다. 삶은 결코 본질적으로 무의미하지 않다. 어떤 조건에서도 삶의 의미는 발견될 수 있다. 고통이 찾아오면, 기억하라. 고통 자체는 피할 수 없어도, 고통에 어떻게 반응할지는 선택할 수 있다. 그 선택이 당신의 마지막 자유다. 인간은 의미 없이 살 수 없다. 하지만 어떤 상황에서도 의미는 발견될 수 있다. 당신의 삶에 의미가 있는가? 없다면 찾아라. 있다면 지켜라. 그것이 삶과 죽음의 차이다.

프랭클 더 읽기

- 『죽음의 수용소에서』 프랭클의 대표작, 의미치료 입문 난이도 ★☆☆☆☆
- 『삶의 의미를 찾아서』 의미 치료의 기초와 응용 강연 난이도 ★★★☆☆
- 『영혼을 치유하는 의사』 의미 치료 체계적 이론서 난이도 ★★★☆☆

셀리그만의 학습된 무력감

무기력은 학습된다, 낙관도 학습된다

07

Martin Seligman

왜 어떤 사람은 실패해도 다시 일어나고, 어떤 사람은 한 번 넘어지면 영영 못 일어나는가? 마틴 셀리그만은 충격적인 답을 발견했다. 무기력은 타고 나는 것이 아니다. 학습되는 것이다. 반복된 실패, 통제 불가능한 경험이 "해봤자 안 돼"라는 믿음을 심는다. 좋은 소식이 있다. 학습된 것은 다시 학습될 수 있다. 무기력을 배웠다면, 낙관도 배울 수 있다. 당신의 무기력은 운명이 아니다. 셀리그만의 심리학을 안다는 것은 '학습된 무력감'이라는 용어를 외우는 게 아니다. 셀리그만처럼 무력감과 낙관을 '학습'의 관점에서 보는 것이다.

포기한 개들

....

1960년대 중반, 펜실베이니아 대학교 심리학 실험실. 마틴 셀리그만 은 개를 대상으로 실험을 하고 있었다. 원래 목적은 공포 조건화 연 구였다. 파블로프의 개처럼, 소리와 전기 충격을 연결시키는 실험을 진행하고 있었다. 그런데 이상한 일이 벌어졌다.

실험 1단계

개들을 묶어놓고 전기 충격을 줬다. 개들은 도망칠 수 없었다. 아 무리 발버둥 쳐도 충격은 계속됐다. 충격은 무작위로 왔다. 예측할 수도, 피할 수도 없었다.

실험 2단계

다음 날, 같은 개들을 '셔틀 박스'에 넣었다. 낮은 칸막이로 나뉜 상자다. 한쪽에서 전기 충격이 오면, 칸막이를 뛰어넘어 반대편으로 가면 피할 수 있다. 간단하다.

하지만 문제가 있었다. 전날 묶여서 충격을 받았던 개들은 뛰어넘지 않았다. 충격이 시작되고 개들은 낑낑거렸다. 하지만 움직이지 않았다. 그냥 엎드렸다. 충격을 그대로 받았다. 탈출구가 바로 옆에 있는데도. 반면, 전날 실험을 받지 않은 개들은 달랐다. 충격이 오자 이리저리 뛰다가 칸막이를 발견했다. 뛰어넘었다. 충격을 피했다. 다음번엔 더 빨리 뛰어넘었다.

셀리그만은 충격받았다. 무슨 일이 벌어진 걸까? 전날의 경험이 개들을 바꿔놓은 것이다. "아무리 해도 안 돼." 이것을 학습한 것이다. 그래서 실제로 탈출이 가능한 상황에서도 시도조차 하지 않았

다. 셀리그만은 이것을 '학습된 무력감^{Learned Helplessness}'이라고 명명
했다.

"동물들은 자신이 무엇을 하든 중요하지 않다는 것을 학습했고,
이 학습이 탈출 시도를 약화시켰다."

— 마이어 & 셀리그만 (2016), 『심리학 리뷰』

셀리그만, 우울의 메커니즘을 발견하다

....

마틴 셀리그만은 미국의 심리학자다. 그는 처음에 동물 학습을
연구했다. 하지만 개 실험의 결과를 보고 방향을 틀었다. 이것이 인
간에게도 적용되지 않을까? 셀리그만은 확신했다. 학습된 무력감이
인간 우울증의 핵심 메커니즘이라고. 우울증 환자를 관찰해보라. 그
들의 언어, 태도, 행동에서 같은 패턴이 보인다.

"해봤자 소용없어."
"내가 뭘 해도 안 바뀌어."
"노력해봤자 뭐해."

과거의 통제 불가능한 경험이 현재의 무기력을 만든다. 셀리그
만은 후속 실험을 진행했다. 이번엔 인간 대상으로. 실험 참가자들

을 세 그룹으로 나눴다.

- 그룹 1: 소음이 들린다. 버튼을 누르면 소음이 멈춘다. (통제 가능)
- 그룹 2: 소음이 들린다. 아무리 버튼을 눌러도 소음이 멈추지 않는다. (통제 불가능)
- 그룹 3: 소음 없음. (대조군)

다음 단계에서는 모든 참가자에게 새로운 과제를 줬다. 이번엔 모두에게 통제가 가능한 과제였다. 결과는 개 실험과 똑같았다. 그룹 2(통제 불가능 경험)는 새로운 과제에서도 포기가 빨랐다. 시도 횟수가 적었다. 문제 해결 능력이 떨어졌다. 그룹 1과 그룹 3은 정상적으로 수행했다. 인간도 무력감을 학습한다. 무력감은 단순한 게으름이나 의지 부족이 아니다. 그것은 학습된 반응이다. 경험에 의해 조건화된 것이다.

학습된 무력감의 세 가지 결손

·········

셀리그만은 학습된 무력감이 세 가지 영역에서 결손을 일으킨다고 분석했다.

첫째, 동기의 부족Motivational Deficit

시도하지 않는다. 움직이지 않는다. "해봤자 안 될 텐데"라는 생

각이 행동을 막는다. 개들이 칸막이를 뛰어넘지 않은 것처럼. 인간
도 지원서를 내지 않고, 데이트 신청을 하지 않고, 새로운 시도를 피
한다.

둘째, 인지의 부족^{Cognitive Deficit}

성공해도 인식하지 못한다. 학습이 안 된다. 흥미로운 실험이 있
다. 학습된 무력감 상태의 참가자들이 우연히 문제를 풀었다. 하지
만 다음 문제에서 그 학습이 전이되지 않았다. "운이 좋았을 뿐"이라
고 생각했다. 자신의 능력으로 귀인하지 않았다. 무력감은 성공조차
학습하지 못하게 만든다.

셋째, 정서의 부족^{Emotional Deficit}

우울, 불안, 무감각. 감정이 무뎌진다. 개들은 충격을 받으면서도
반응하지 않았다. 낑낑거리지도 않았다. 마치 체념한 것처럼. 인간
도 마찬가지다. 학습된 무력감은 정서적 마비를 일으킨다. 기쁨도,
슬픔도, 분노도 희미해진다. 살아 있지만 살아 있지 않은 느낌.

당신에게 이런 증상이 있는가? 새로운 시도를 피하는가(동기 결손)? 성공해도 "운이 좋았을 뿐"이라고 생각하는가(인지 결손)? 감정이 무뎌졌는가(정서 결손)? 이것들은 학습된 무력감의 신호다. 성격이 아니라 학습의 결과다.

귀인 양식: 왜 어떤 사람은 더 취약한가

....

같은 실패를 겪어도 사람마다 반응이 다르다. 어떤 사람은 무너지고, 어떤 사람은 털고 일어난다. 왜? 셀리그만은 '귀인 양식 Explanatory Style'에서 답을 찾았다. 사람들이 사건을 설명하는 방식이 다르다는 것이다. 세 가지 차원이 있다.

1. 내부성 vs 외부성 Internal vs External

실패의 원인을 어디서 찾는가?

- 내부 귀인: "내 탓이야. 내가 부족해서."

- 외부 귀인: "상황이 안 좋았어. 운이 없었어."

2. 안정성 vs 불안정성 Stable vs Unstable

원인이 지속되는가, 변하는가?

- 안정적 귀인: "나는 원래 이래. 항상 그랬어."

- 불안정적 귀인: "이번엔 그랬어. 다음엔 다를 수 있어."

3. 전반성 vs 특수성 Global vs Specific

원인이 모든 영역에 영향을 미치는가, 특정 영역에만?

- 전반적 귀인: "나는 모든 것에 재능이 없어."

- 특수적 귀인: "이 분야는 약하지만, 다른 건 괜찮아."

셀리그만은 이 조합에서 '비관적 귀인 양식'과 '낙관적 귀인 양식'을 구분했다.

- 비관적 귀인 양식: 실패를 내부적, 안정적, 전반적으로 설명한다.

  "시험에 떨어졌어."

  ⇒ "내가 멍청해서야(내부). 원래 멍청했어(안정). 뭘 해도 안 돼(전반)."

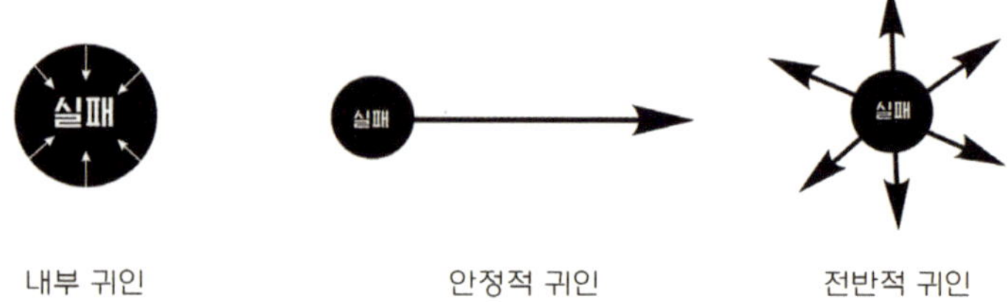

- 낙관적 귀인 양식: 실패를 외부적, 불안정적, 특수적으로 설명한다.

  "시험에 떨어졌어."

  ⇒ "이번 시험이 어려웠어(외부). 준비 기간이 부족했어(불안정). 이 과목이 약해(특수)."

비관적 귀인 양식을 가진 사람은 학습된 무력감에 취약하다. 한 번의 실패가 "나는 모든 것에 영원히 무능하다"로 일반화된다. 반면 낙관적 귀인 양식을 가진 사람은 회복력이 있다. 실패를 특정 상황, 일시적 요인, 특정 영역으로 제한한다. 다음엔 다를 수 있다고 믿는다.

INSIGHT

최근 실패했을 때 어떻게 설명했는가? "내가 원래 이래서"인가, "이번엔 이런 이유로"인가? 당신의 귀인 양식을 점검하라. 비관적 패턴이 보인다면, 그것은 사실이 아니라 습관이다. 습관은 바꿀 수 있다.

실전: 직장에서의 학습된 무력감

·········

직장은 무력감을 학습하기 좋은 환경이다. 한 신입사원이 있다. 아이디어를 냈다. 무시당했다. 다시 냈다. 또 무시당했다. 의견을 말했다. "너는 아직 몰라"라는 답이 돌아왔다. 1년 후, 그는 더 이상 아이디어를 내지 않는다. 의견을 말하지 않는다. 시키는 일만 한다. 상사는 말한다. "저 친구는 수동적이야. 주도성이 없어." 틀렸다. 성격이 아니다. 학습된 무력감이다.

조직에서 학습된 무력감이 퍼지는 과정:

1단계: 제안이 반복적으로 거부된다.

2단계: "어차피 말해도 안 돼"라는 믿음이 형성된다.

3단계: 제안을 멈춘다.

4단계: 조직은 혁신을 잃는다.

더 나쁜 경우도 있다. 노력과 결과가 연결되지 않는 환경. 열심히 해도 인정받지 못한다. 대충 해도 별 차이 없다. 성과보다 정치가 중요하다. 이런 환경에서 사람들은 무력감을 학습한다. "노력해봤자 소용없어." 결국 모두가 최소한만 한다. 조직 전체가 무기력해진다.

직장에서 무기력을 느낀다면, 환경을 점검하라. "내 노력과 결과가 연결되는가?" 연결되지 않는다면, 문제는 당신이 아니라 시스템일 수 있다. 시스템을 바꿀 수 없다면, 환경을 바꾸는 것도 선택지다.

실전: 연애에서의 학습된 무력감

연애도 무력감을 학습하는 장이다. 세 번 연속 이별한 여자가 있다. 매번 비슷한 패턴이었다. 상대가 점점 멀어지고, 결국 "우리 그만 만나자"가 왔다. 세 번째 이별 후, 그녀는 결론 내렸다. "나는 사랑받을 수 없는 사람이야." 내부적("내 탓"), 안정적("원래 그래"), 전반적("어떤 관계에서도") 귀인이다. 그녀는 더 이상 연애를 시도하지 않는다. 누군가 관심을 보여도 "어차피 안 될 거야"라고 생각한다. 기회를 피한다. 예언이 자기실현된다.

반대 경우도 있다. 연애에서 계속 상처받은 남자. 하지만 그는 다르게 해석한다. "그 사람과 맞지 않았어(특수). 타이밍이 안 좋았어(불안정). 다음엔 더 잘 맞는 사람을 만나겠지(외부)." 그는 계속 시도한다. 실패도 하지만, 결국 좋은 사람을 만난다. 차이는 능력이 아니다. 해석이다.

실전: 부모와 아이의 무력감

....

학습된 무력감은 어린 시절에 형성되기 쉽다. 아이가 블록을 쌓는다. 무너진다. 다시 쌓는다. 또 무너진다. 부모가 말한다. "네가 원래 그런 건 못해. 엄마가 해줄게." 도와주려 한 것이다. 하지만 아이가 학습한 건? "나는 못해. 다른 사람이 해줘야 해." 반복되면 무력감이 고착된다. 반대 상황을 보자. 아이가 블록을 쌓는다. 무너진다. 부모가 말한다. "괜찮아. 한 번 더 해볼까? 이번엔 아래를 넓게 해보면 어떨까?" 아이는 다시 시도한다. 성공한다. 아이는 무엇을 학습할까? "노력하면 된다. 방법을 바꾸면 된다."

셀리그만의 연구에 따르면, 아이의 귀인 양식은 부모의 귀인 양식과 상관관계가 높다. 부모가 비관적으로 설명하면, 아이도 비관적으로 배운다. 부모가 실패를 어떻게 다루는지 아이가 보고 배운다. 또 다른 중요한 요인은 비판의 방식이다.

- 성격 비판: "넌 왜 이렇게 게으르니?" "넌 원래 수학을 못해."

- 행동 비판: "이번에 준비를 덜 했구나." "이 문제는 이렇게 풀어보자."

성격 비판은 내부적, 안정적 귀인을 강화한다. "나는 원래 그래." 행동 비판은 외부적, 불안정적 귀인을 가르친다. "이번 행동이 문제였어. 다음엔 바꿀 수 있어."

INSIGHT

부모라면, 아이를 비판할 때 성격이 아니라 행동에 초점을 맞춰라. "넌 게으르다" 대신 "오늘은 준비를 덜 했네"라고. "넌 못해" 대신 "이 방법은 안 됐네, 다른 방법을 찾아보자"라고. 아이의 귀인 양식이 형성되는 중이다.

면역화: 무력감을 예방하는 법

셀리그만은 학습된 무력감을 '면역화Immunization'할 수 있다는 것을 발견했다. 개들을 두 그룹으로 나누고 실험을 진행한다.

- 그룹 A: 먼저 통제 가능한 충격을 경험했다. 패널을 누르면 충격이 멈췄다. 그 후 통제 불가능한 충격을 경험했다.

- 그룹 B: 바로 통제 불가능한 충격을 경험했다.

결과는 어땠을까? 그룹 A는 나중에도 무력감에 빠지지 않았다. 그룹 B는 무력감을 학습했다. "내가 통제할 수 있다"는 초기 경험이 나중의 통제 불가능한 상황에서도 보호막 역할을 한 것이다.

인간에게도 같은 원리가 적용된다. 어린 시절 "내가 영향을 미칠 수 있다"는 경험을 한 아이는 나중에 어려움을 만나도 쉽게 무너지지 않는다. 이것이 '숙달 경험Mastery Experience'의 중요성이다. 노력 → 성공의 연결을 경험하는 것. 그 경험이 미래의 실패에 대한 면역이 된다.

INSIGHT

아이에게, 또는 자신에게 숙달 경험을 제공하라. 도전적이지만 달성 가능한 목표를 세우고, 노력해서 성취하는 경험. 이것이 미래의 실패에 대한 심리적 백신이 된다.

학습된 낙관주의

....

무력감이 학습된다면, 낙관도 학습될 수 있다. 셀리그만은 '학습된 낙관주의Learned Optimism'를 개발했다. 비관적 귀인 양식을 낙관적으로 바꾸는 훈련이다. 핵심은 ABCDE 모델이다.

A – Adversity (역경)

무슨 일이 일어났는가? 사실만 기록한다.

예: "프레젠테이션에서 질문에 제대로 답하지 못했다."

B – Belief (믿음)

그 사건에 대해 어떤 생각이 자동으로 떠오르는가?

예: "나는 멍청해. 모두가 내가 무능하다고 생각할 거야. 이 회사에서 승진은 틀렸어."

C – Consequence (결과)

그 믿음의 결과로 어떤 감정과 행동이 따르는가?

예: "우울해졌다. 집에 가서 술을 마셨다. 다음 회의에서 발언을 피했다."

여기까지는 자동으로 일어난다. 대부분의 사람들은 여기서 멈춘다. 셀리그만은 두 단계를 더한다.

D - Disputation (논박)

그 믿음을 반박하라. 변호사처럼 증거를 따져라.

"정말 멍청한가? 다른 질문들에는 잘 답했는데. 그 질문은 내 전문 분야가 아니었어. 완벽하게 답 못 한 게 '멍청하다'의 증거인가? 다른 해석은 없는가?"

E - Energization (활력)

논박에 성공하면 무엇이 달라지는가?

"기분이 나아졌다. 다음엔 그 분야도 미리 준비해야겠다. 다음 회의에서 다시 발언해봐야겠다."

이것을 반복하면 귀인 양식이 바뀐다. 자동적 비관이 의식적 낙관으로 대체된다. 시간이 지나면 낙관이 자동화된다.

> **INSIGHT**
>
> 부정적인 생각이 들 때, ABCDE를 적용하라. 특히 D(논박)가 중요하다. "이 생각이 사실인가? 증거는? 다른 해석은?" 자신의 비관적 생각에 변호사처럼 반론을 제기하라.

영속성, 만연성, 개인화

....

셀리그만은 낙관주의와 비관주의를 구분하는 세 가지 차원을 정리했다.

영속성Permanence

나쁜 일이 영원히 계속될 것인가, 일시적인가?

- 비관주의자: "항상 이래." "절대 안 바뀔 거야."
- 낙관주의자: "이번엔 그랬어." "다음엔 다를 수 있어."

만연성Pervasiveness

나쁜 일이 모든 것에 영향을 미치는가, 특정 영역에만?

- 비관주의자: "나는 모든 게 안 돼." "인생 자체가 엉망이야."
- 낙관주의자: "이 부분은 안 됐어." "다른 건 괜찮아."

개인화Personalization

나쁜 일의 원인이 나인가, 외부인가?

- 비관주의자: "다 내 잘못이야." "내가 부족해서."
- 낙관주의자: "여러 요인이 있었어." "상황이 안 좋았어."

정리하면, 낙관주의자는 나쁜 일을 일시적, 특정적, 외부적으로 본다. 비관주의자는 영속적, 만연적, 내부적으로 본다.

좋은 일에 대해서는 반대다.

- 낙관주의자: 영속적("앞으로도 잘 될 거야"), 만연적("나는 전반적으로 괜찮아"), 내부적("내 능력 덕분이야").

- 비관주의자: 일시적("운이 좋았을 뿐"), 특정적("이것만 됐어"), 외부적("도움을 받아서").

당신의 패턴은 어떤가?

자신의 설명 방식을 모니터링하라. 나쁜 일에 "항상", "모든", "내 탓"을 붙이는가? 좋은 일에 "이번만", "이것만", "운"을 붙이는가? 그 패턴을 인식하고, 의식적으로 뒤집어라.

낙관주의의 한계와 유연한 낙관주의

셀리그만은 맹목적 낙관을 경계한다. 낙관주의가 항상 좋은 것은 아니라고 말한다. 상황에 따라 비관주의가 더 도움이 될 때도 있다. 언제 비관이 유용한가? 높은 위험이 있는 결정을 할 때, 실패의 비용이 클 때, 다른 사람의 안전이 걸려 있을 때. 비행기 조종사, 외과 의사, 안전 검사관 같은 직업을 생각해보라. 이들에게는 "괜찮겠지"보다 "뭔가 잘못될 수 있어"가 더 안전하고 효과적이다. 셀리그만이 제안하는 것은 '유연한 낙관주의Flexible Optimism'다. 상황에 따라 낙관과 비관을 선택할 수 있는 능력. 통제 가능한 상황에서는 낙관적으로. "노력하면 바꿀 수 있어." 통제 불가능한 상황에서는 수용적으로. "이건 받아들여야 해." 위험이 높은 상황에서는 신중하게. "최악의 경우를 대비하자." 맹목적 낙관도, 만성적 비관도 아닌. 현실적이면서 희망적인 중간 지점.

뛰어넘을 수 있다 : 셀리그만의 무력감 탈출술

....

개들은 칸막이를 뛰어넘을 수 있었는데도 뛰어넘지 않았다. "안 돼"를 학습했기 때문에. 당신의 삶에도 뛰어넘지 않은 칸막이가 있는가? 실제로는 가능한데, "안 돼"라고 믿어서 시도하지 않은 것. 한 번 뛰어넘어봐라. 학습된 무력감은 학습된 낙관으로 덮어쓸 수 있다. 그것이 셀리그만이 발견한 희망이다.

• 『학습된 낙관주의』 귀인 양식과 낙관주의 훈련 　　　　　　　난이도 ★★☆☆☆
• 『마틴 셀리그만의 긍정심리학』 긍정심리학 입문 　　　　　　난이도 ★★☆☆☆

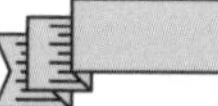

*Martin
Seligman*

Human Manual

타인을 다루는 법

치알디니의 설득의 심리학

거절할 수 없게 만드는 6가지 무기

01

Robert Cialdini

인간에게는 자동으로 작동하는 심리 버튼이 있다. 그 버튼을 누르면 저항 없이 순응한다. 6개의 버튼. 6개의 무기. 당신도 매일 당하고 있다. 알아차리지 못한 채. 치알디니의 심리학을 안다는 것은 단순히 그의 원칙을 외우는 게 아니다. 치알디니처럼 설득의 구조를 보는 것이다.

왜 3만 원짜리 빵을 샀는가

....

그녀는 베이커리 앞을 지나가다 멈췄다. 직원이 작은 빵 조각을 건넸다. "새로 나온 건데, 한번 드셔보세요." 맛있었다. 직원이 물었다. "어떠세요?" 그녀가 답했다. "맛있네요." 직원이 말했다. "이게 저희 시그니처예요. 천연 발효로 48시간 숙성했거든요." 그녀는 빵을 샀다. 3만 원이었다. 필요하지도 않았다. 집에 빵이 있었다. 하지만 샀다. 왜? "맛있어서"라고 그녀는 생각했다. 하지만 진짜 이유는 다르다.

- 상호성. 무료 시식을 받았다. 뭔가 돌려줘야 할 것 같았다.
- 일관성. "맛있다"고 말했다. 말과 행동을 일치시켜야 할 것 같았다.
- 권위. "천연 발효", "48시간 숙성". 전문성의 언어가 신뢰를 만들었다.

세 개의 버튼이 눌렸다. 그녀는 저항 없이 지갑을 열었다.

치알디니, 설득의 과학자

....

로버트 치알디니는 미국 애리조나 주립대학교의 심리학 교수다. 그의 연구 방법은 독특했다. 학자들이 실험실에서 논문을 쓸 때, 치알디니는 현장으로 갔다. 3년간 잠입 취재를 했다. 자동차 딜러십에서 일했다. 텔레마케팅 회사에 들어갔다. 기부 단체에서 훈련받았다. "설득의 전문가"들이 실제로 어떻게 사람을 움직이는지 직접 배웠다.

"나는 설득 전문가들 사이에서 스파이로 살았다."

— 『설득의 심리학』

1984년 출간된 『설득의 심리학』은 전 세계적으로 500만 부 이상 팔렸다. 치알디니의 통찰은 이렇다. 인간의 뇌는 모든 상황을 깊이 분석하지 않는다. 대신 '지름길'을 쓴다. 이 지름길을 알면, 사람을 움직일 수 있다.

원칙 1: 상호성 — 받으면 갚아야 한다

....

인류학자들은 지구상 모든 문화에서 발견되는 규범이 있다고 말한다. 상호성Reciprocity이다. 받으면 갚아야 한다. 누군가 호의를 베풀면, 되갚아야 할 의무를 느낀다. 이것은 인간 사회의 기초다. 협력을 가능하게 한다. 신뢰를 만든다. 문제는 이것이 자동으로 작동한다는 것이다. 의식적 판단 없이.

"상호성의 규칙은 극도로 강력하며, 심지어 원치 않는 호의에도 직용된다."

— 『설득의 심리학』

실험: 콜라 한 캔의 힘

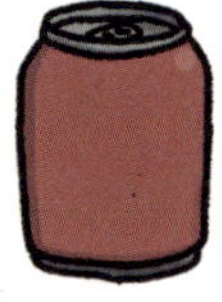

심리학자 데니스 리건의 실험. 피험자들이 미술 작품을 평가하는 실험에 참여했다. 함께 참여한 사람(사실은 연구 조교)이 잠깐 나갔다가 돌아오면서 콜라 두 캔을 들고 왔다. "하나 사왔어요." 피험자에게 한 캔을 줬다. 실험이 끝난 후, 조교가 부탁했다. "제가 복권을 팔고 있는데, 좀 사주실 수 있어요?" 콜라를 받은 사람들은 그렇지 않은 사람들보다 두 배 더 많은 복권을 샀다. 연구자들이 계산한 결과, 콜라 비용 대비 복권 구매액이 500%의 리턴을 보였다. 다섯 배를 되갚은 것이다. 요청하지도 않은 호의에.

실전에서의 상호성

- 무료 시식. 마트에서 시식을 하고 나면, 사야 할 것 같은 압박을 느낀다.

- 무료 샘플. 화장품 가게에서 샘플을 받으면, 뭔가 사야 할 것 같다.

- 선물 공세. 영업사원이 작은 선물을 주면, 계약을 거절하기 어려워진다.

- 먼저 양보하기. 처음에 큰 요청을 하고 거절당하면, 작은 요청으로 바꾼다. 상대는 "양보해줬으니 나도" 하고 수락한다. 즉, '머리부터 들이밀기' 기법door-in-the-face이다.

상호성의 힘은 '빚진 느낌'에서 온다. 받기만 하고 갚지 않으면 불편하다. 이 불편함을 해소하려고 행동한다. 심지어 원래 받은 것보다 더 큰 것을 되갚기도 한다.

INSIGHT

누군가 "무료"로 뭔가를 줄 때, 잠깐 멈춰라. "이것이 나중에 무엇을 요구하기 위한 것인가?" 무료로 주는 일방적인 호의는 없다. 호의 뒤에 숨은 의도를 읽어라. 그리고 원하지 않는 호의는 정중하게 거절하라. 받지 않으면 갚을 의무도 없다.

원칙 2: 일관성 — 한번 말하면 지켜야 한다

인간은 자신이 한 말과 행동에 일관되고 싶어 한다. 일관성은 사회적으로 가치 있는 특성이다. 일관된 사람은 믿을 만하다. 신뢰할 수 있다. 반대로 앞뒤가 다른 사람은 신뢰를 잃는다. 문제는 이 일관성 욕구가 악용될 수 있다는 것이다.

"일단 선택을 하거나 입장을 취하면, 우리는 그 약속과 일관되게 행동해야 한다는 개인적, 대인적 압박을 받게 된다. 그 압박은 우리가 이전 결정을 정당화하는 방식으로 반응하게 만든다."

—『설득의 심리학』

기본 원리는 작은 약속이 큰 약속을 부른다는 것이다. 일단 작은 약속을 하면, 그와 일관된 더 큰 약속을 하기 쉬워진다.

자기 이미지의 변화

일관성의 핵심은 자기 이미지다. 작은 행동이 자기 인식을 바꾼다. "나는 이런 사람이야." 일단 정체성이 형성되면, 그와 일관된 행동을 해야 한다고 느낀다. 기부 단체가 "환경을 걱정하시나요?"라고 묻는 이유가 여기 있다. "네"라고 대답하면, 당신은 "환경을 걱정하는 사람"이 된다. 그다음 기부를 요청하면 거절하기 어렵다. "환경을 걱정하는 사람"이 기부를 거절하는 것은 일관되지 않으니까.

실전에서의 일관성

- 문전 걸치기 기법Foot-in-the-door: 작은 요청으로 시작해서 점점 키운다. 설문 조사 → 이메일 구독 → 유료 결제.

- 공개적 약속: 사람들 앞에서 한 약속은 더 강력하다. 다이어트 선언을 SNS 에 올리면 지키기 쉬워진다.
- 글로 쓰기: 말보다 글이 강력하다. 계약서에 서명하면, 그 약속에 더 묶인다.
- 로우볼Low-ball: 좋은 조건으로 동의를 얻은 후, 조건을 바꾼다. 이미 약속했으 니 철회하기 어렵다.

누군가 무엇을 요청할 때, 자신에게 물어라. "나는 정말 이것을 원하는가, 아니면 일 관되려고 하는가?" 어리석은 일관성은 미덕이 아니다.

원칙 3: 사회적 증거 — 다수가 하면 옳다

불확실한 상황에서 우리는 어떻게 행동해야 할지 모른다. 그때 주변을 본다. 다른 사람들은 이떻게 하는가? 이깃이 사회적 증거 Social Proof다. 다수가 하는 것은 옳은 것이다. 많은 사람이 믿는 것은 진실이다.

"우리는 다른 사람들이 어떤 행동을 하는 정도에 따라 그 행동이 주어진 상황에서 더 옳다고 본다. 특히 불확실할 때, 그리고 그 사람들이 우리와 비슷하다고 볼 때."

—『설득의 심리학』

실전에서의 사회적 증거

- 베스트셀러: "100만 부 판매"는 내용과 상관없이 구매를 유도한다.

- 리뷰와 별점: 평점 4.8은 제품 자체보다 강력한 설득 도구다.

- 줄 서기: 긴 줄은 "여기가 맛집"이라는 신호다. 줄 때문에 줄이 더 길어진다.

사회적 증거의 조건

....

사회적 증거는 두 가지 조건에서 더 강력하다.

첫째, 불확실성.

무엇이 옳은지 모를 때 주변을 본다. 확신이 있으면 영향받지 않는다.

둘째, 유사성.

나와 비슷한 사람들의 행동이 더 영향력 있다. "전문가 100명"보다 "나 같은 평범한 사람 100명"이 더 설득력 있을 때가 있다.

원칙 4: 호감 — 좋아하는 사람 말은 듣는다

....

단순한 진실이 있다. 우리는 좋아하는 사람의 말을 듣는다. 싫어하는 사람의 말은 아무리 옳아도 저항한다. 호감은 설득의 기본 원칙이다.

"우리는 우리가 알고 좋아하는 사람의 요청에 '네'라고 말하는 것을 가장 선호한다."

— 『설득의 심리학』

호감을 만드는 요소들

....

치알디니는 호감을 만드는 핵심 요소를 분석했다.

1. 외모

잘생기고 예쁜 사람은 더 설득력 있다. 불공평하지만 사실이다.

'후광 효과Halo Effect'. 한 가지 긍정적 특성이 다른 모든 특성을 긍정적으로 보이게 한다. 외모가 좋으면 똑똑해 보이고, 정직해 보이고, 능력 있어 보인다. 연구에 따르면, 외모가 좋은 사람은 취업 면접에서 유리하고, 법정에서 가벼운 형을 받고, 선거에서 더 많은 표를 얻는다.

2. 유사성

우리는 우리와 비슷한 사람을 좋아한다. 출신 지역, 학교, 취미, 의견, 스타일. 뭐든 공통점이 있으면 호감이 생긴다. 영업사원이 왜 "저도 그거 좋아해요!"라고 말하는지 알겠는가? 유사성을 만들기 위해서다.

3. 칭찬

우리는 우리를 칭찬하는 사람을 좋아한다. 아첨이 뻔히 보여도 효과가 있다. 연구에 따르면, 칭찬이 진심이 아니라는 것을 알아도 칭찬하는 사람을 더 좋아하게 된다.

4. 친숙함

반복 노출은 호감을 만든다. 자주 보면 좋아진다. 광고가 반복되는 이유다. 처음엔 짜증나도, 계속 보면 친숙해지고, 친숙해지면 호감이 생긴다.

5. 연합

좋은 것과 연결되면 좋아 보인다. 스포츠 팀이 이기면 팬들은 "우리가 이겼다"고 한다. 지면 "그들이 졌다"고 한다. 승리와 연합하고 싶은 것이다.

광고에 유명인이 나오는 이유도 이것이다. 그 유명인에 대한 호감이 제품으로 전이된다.

원칙 5: 권위 — 전문가 말은 믿는다

....

하얀 가운을 입은 사람이 말한다. "이 약이 효과적입니다." 우리는 믿는다. 의사니까. 양복을 입은 사람이 말한다. "이 투자가 안전합니다." 우리는 믿는다. 전문가 같으니까. 권위는 강력한 설득 도구다. 전문가의 말은 분석 없이 수용된다.

"우리는 권위의 요구에 대해 찬반을 그렇게까지 고민하지 않는다. 사실, 우리의 복종은 의식적 숙고 없이 '찰칵, 위르르' 방식으로 자동적으로 일어난다."

—『설득의 심리학』

실험: 밀그램의 복종 실험

심리학자 스탠리 밀그램의 유명한 실험이 있다. 피험자들은 "학습 실험"에 참여한다고 생각했다. "학생" 역할의 사람(실제로는 연기자)이 틀린 답을 하면 전기 충격을 주라고 지시받았다. 충격 강도는 점점 높아졌다. "학생"은 고통스럽게 소리를 질렀다. 피험자들은 멈추고 싶어했다. 하지만 회색 가운의 실험자가 말했다. "계속하세요. 실험에 필요합니다." 65%의 피험자가 최고 강도(450볼트, "위험: 심각한 충격"이라고 표시됨)까지 갔다.

권위의 힘이다. "전문가"가 시키면, 자신의 판단과 양심에 반해서도 따른다.

권위의 상징

....

실제 전문성이 아니어도 권위의 '상징'만으로 충분하다.

- 직함: 박사, 교수, 대표, 이사. 직함이 신뢰를 만든다.
- 복장: 의사 가운, 정장, 제복. 옷이 사람을 만든다.
- 장식: 비싼 차, 고급 시계, 멋진 사무실. 성공의 상징이 권위를 부여한다.

연구에 따르면, 신호 위반을 한 차가 고급차일 때 뒤차가 경적을 덜 울린다. 낮은 차일 때는 바로 경적을 울린다. 같은 위반인데. 고급차의 "권위"가 복종을 만든다.

실전에서의 권위

....

- 전문가 추천: "의사들이 선택한", "과학적으로 검증된"
- 자격증 전시: 벽에 걸린 학위증, 자격증은 신뢰를 만든다.
- 미디어 출연: "○○방송 출연"은 권위의 신호다.
- 수상 경력: "○○ 어워드 수상"은 제3자 인증이다.
- 책 출판: "베스트셀러 저자"는 권위를 부여한다.

원칙 6: 희귀성 — 사라지면 더 원한다

....

"마감 임박." "한정 수량." "오늘만 이 가격." 왜 이런 문구가 효과적인가? 희귀성^{Scarcity} 때문이다. 우리는 사라질 것을 더 원한다.

"기회가 희귀해 보일수록, 그것은 더 가치 있어 보인다."

—『설득의 심리학』

희귀성의 힘은 '손실 회피^{Loss Aversion}'에서 온다. 인간은 얻는 것보다 잃는 것에 더 민감하다. 같은 금액이라도 얻을 때의 기쁨보다 잃을 때의 고통이 두 배 크다. 희귀성은 손실의 프레임이다. "이것을 사면 좋다"가 아니라 "이것을 사지 않으면 잃는다"로 느끼게 만든다.

경쟁의 힘

....

희귀성에 경쟁이 더해지면 더 강력해진다. 경매가 대표적이다.

물건은 하나, 원하는 사람은 여럿. 다른 사람이 가져갈 수 있다는 생각에 조급해진다. 합리적 판단이 사라지고, 가격이 치솟는다. 부동산 중개인이 왜 "다른 분도 보러 오셨어요"라고 말하는가? 경쟁을 암시하기 위해서다. 희귀성 + 경쟁 = 강력한 설득.

실전에서의 희귀성

- 한정판: "Limited Edition"은 프리미엄을 정당화한다.

- 마감 시한: "오늘까지만"은 결정을 서두르게 한다.

- 수량 제한: "1인당 2개 한정"은 억실직으로 더 사게 만든디.

- 독점 정보: "아무에게도 말하지 마세요"는 정보의 가치를 높인다.

- 멤버십: VIP, 프리미엄 회원. 배제는 욕망을 만든다.

7번째 원칙: 통합 — 우리 편이다

치알디니는 2016년 저서 『초전설득』에서 7번째 원칙을 추가했다. 통합Unity이다.

"통합은 사람들 사이의 공유된 정체성이다. 누군가를 '우리 중 하나'로 여기면, 그 사람은 우리에게 더 많은 영향을 미칠 수 있다."

—『초전설득』

통합은 단순한 호감을 넘어선다. 인간은 집단 동물이다. 자신이 속한 집단의 구성원에게는 특별한 호의를 보인다. 가족, 동향, 동문, 같은 팀, 같은 종교. "우리"라고 느끼면 설득이 쉬워진다. 같은 편이니까. 이해관계가 일치한다고 느끼니까.

통합을 만드는 요소

....

- 혈연: 가족은 가장 강력한 "우리"다.

- 지역: 같은 동네, 같은 도시, 같은 나라.

- 소속: 같은 학교, 같은 회사, 같은 종교.

- 경험 공유: 함께 겪은 일이 연대를 만든다.

- 공동 창작: 함께 만든 것에 애착이 생긴다. (IKEA 효과)

- 마케팅에서 "우리"를 만드는 방법: 커뮤니티 형성, 팬덤 구축, 공동 참여 유도. 고객을 관객에서 참여자로, 참여자에서 "우리"로.

방어: 어떻게 저항할 것인가

·········

여섯 가지에 한 가지를 더하여 총 7개의 원칙을 알았다. 이제 방어할 차례다. 치알디니는 조언한다. 원칙 자체를 거부하지 마라. 대부분의 경우 이 원칙들은 좋은 지름길이다. 호의는 갚아야 하고, 일관성은 미덕이고, 전문가 말은 대체로 옳다. 문제는 악용이다. 지름길을 이용해 조작하는 사람들. 그렇다면 방어 전략도 살펴보자.

1. 인식하라

가장 중요한 첫 단계다. "지금 어떤 원칙이 작동하고 있는가?" 무료 샘플을 받았다면, "상호성이 작동하겠구나." 마감이 다가온다면, "희귀성 전술이구나." 인식만으로 효과가 약해진다. 자동적인 반응에서 의식적인 판단으로 전환된다.

2. 분리하라

사람과 제안을 분리하라. "이 사람이 좋지만, 이 제안은 어떤가?" 호감 때문에 수락하는 것은 아닌지. 제안과 희귀성을 분리하라. "마감이 없다면, 이것을 원할까?"

3. 시간을 벌어라

설득은 즉각적 반응을 유도한다. "지금 결정하세요." 이것은 매우 위험할 수 있다. 시간을 벌어라. "생각해보겠습니다." 자동 반응에서 벗어날 시간이 필요하다.

4. 의도를 물어라

"이 사람이 왜 이것을 하는가?" 무료 샘플, 칭찬, 작은 부탁. 그 뒤에 무엇이 있는가? 순수한 호의도 있겠지만 계산된 전략도 있다. 이를 구분하는 것이 중요하다. 선물을 속임수로 재정의하라.

6가지 원칙은 도구다. 도구는 중립적이다. 좋은 목적에도, 나쁜 목적에도 쓸 수 있다. 원칙을 알면 두 가지가 가능해진다. 자신을 방어하는 것. 그리고 윤리적으로 사용하는 것. 조작이 아닌, 진정한 설득을 위해.

치알디니의 설득 패턴 간파술

....

알지 못하면 당한다. 알면 선택할 수 있다.

- 『설득의 심리학』 6가지 원칙　　　　　　　　　난이도 ★★☆☆☆
- 『초전설득』 설득 이전의 준비, 7번째 원칙 포함　　난이도 ★★☆☆☆
- 『설득의 심리학 2』 확장판　　　　　　　　　　난이도 ★★☆☆☆

Robert
Cialdini

카네기의
인간관계론

원하는 것을 얻는 가장 오래된 기술

02

Dale Carnegie

데일 카네기는 1936년에 이 기술을 정리했다. 90년이 지났다. 스마트폰이 생기고, 인터넷이 세상을 바꿨다. 하지만 인간은 변하지 않았다. 인정받고 싶고, 중요하게 여겨지고 싶고, 이해받고 싶다. 카네기의 원칙은 여전히 작동한다. 당신이 원하는 것을 얻고 싶다면, 먼저 상대가 원하는 것을 줘라. 카네기의 심리학을 안다는 것은 '25가지 원칙'을 외우는 게 아니다. 카네기처럼 관계를 보는 것이다.

링컨은 왜 편지를 보내지 않았나

·········

1863년 7월, 게티즈버그 전투 직후. 에이브러햄 링컨은 분노했다. 적군인 남부군 총사령관 로버트 리가 후퇴하고 있었다. 포토맥 강이 범람해서 건널 수 없었다. 덫에 걸린 것이다. 링컨의 북부군 사령관 미드 장군이 공격하면 전쟁을 끝낼 수 있었다. 하지만 미드 장군은 움직이지 않았다. 머뭇거렸다. 그 사이 강물이 빠졌고 로버트 리는 탈출했다. 전쟁은 2년 더 계속되어 수십만 명이 더 죽었디. 링컨은 펜을 들었다. 분노에 찬 편지를 썼다.

"나의 친애하는 장군, 나는 당신이 리의 탈출이 가져올 불운의
규모를 충분히 인식하고 있다고 믿지 않습니다. 그는 우리 손안
에 있었습니다. 그를 잡았더라면 전쟁은 끝났을 것입니다. 지금
당장 잡으려 해도 성공할 수 없습니다. 당신이 지난 월요일에 공
격하지 않은 것은, 이제는 도저히 공격할 수 없다고 믿지 못할
이유가 없습니다. 이 황금 같은 기회를 잃어버렸습니다. 나는 헤
아릴 수 없을 만큼 괴롭습니다."

링컨은 편지를 봉투에 넣었다.

그리고 보내지 않았다. 그 편지는 링컨이 죽은 후, 그의 서류 더
미에서 발견됐다. 보내지 않은 편지 뭉치 속에. 왜 보내지 않았을까?
링컨은 생각했을 것이다. 이 편지를 보내면 어떻게 될까? 미드는 자
신을 변호할 것이다. 나를 원망할 것이다. 사기가 떨어질 것이다. 남
은 전쟁 기간 동안 협력이 어려워질 것이다. 비난은 기분을 풀어줄
지 모른다. 하지만 상대를 바꾸지는 못한다. 오히려 방어벽을 세우
게 만든다.

"비난은 소용없다. 사람을 방어적으로 만들고, 자신을 정당화하게 만든다. 비난은 위험하다. 사람의 소중한 자존심에 상처를 입히고, 중요감을 손상시키며, 원한을 불러일으킨다."

―『인간관계론』

카네기, 전설의 시작

....

데일 카네기는 미주리주 가난한 농가에서 태어났다. 어린 시절 그는 열등감 덩어리였다. 키가 작았고, 운동을 못했고, 집이 가난했다. 대학에 다닐 때도 기숙사비를 낼 돈이 없어 농상에서 동학했다. 그는 토론 클럽에 가입했다. 처음엔 번번이 졌다. 하지만 연습했다. 결국 대회에서 우승했다. 말하는 법, 사람들 앞에 서는 법을 익혔다. 졸업 후, 그는 세일즈맨이 됐다. 비누를 팔고 베이컨을 팔았다. 잘 팔았다. 하지만 만족하지 못했다. 그는 가르치고 싶었다.

1912년, 뉴욕 YMCA에서 성인 대상 대중 연설 강좌를 시작했다. 이것이 전설의 시작이다. 처음엔 연설 기법을 가르쳤다. 하지만 곧 깨달았다. 사람들이 진짜 원하는 것은 '관계'였다. 직장에서 인정받는 법, 고객을 설득하는 법, 가정에서 갈등을 피하는 법. 그는 커리큘럼을 바꿨다. 25년간 수천 명을 가르치면서 그는 데이터를 모았다. 무엇이 효과가 있고, 무엇이 없는지. 역사적 인물들의 사례를 연구했다. 링컨, 루스벨트, 록펠러. 그리고 자신의 수강생들의 성공과 실패 이야기. 그리고 그 모든 것을 책으로 정리했다. 『인간관계론』. 지금까지 전 세계에서 3,000만 부 이상 팔렸다. 역사상 가장 많이 팔린 자기계발서 중 하나다. 비결이 무엇인가? 카네기는 인간 본성을 정확히 읽었다.

> "사람을 다루는 것은 세상에서 가장 큰 문제다. 특히 사업에서. 아내와 남편 사이에서도. 엔지니어, 회계사, 건축가, 의사도 결국 사람을 다뤄야 한다. 록펠러가 말했다. '사람을 다루는 능력은 커피나 설탕처럼 사고팔 수 있는 상품이다. 그리고 나는 세상의 어떤 능력보다 그 능력에 더 많은 돈을 지불할 것이다.'"
>
> — 『인간관계론』

제1부: 사람을 다루는 기본 원칙

·········

카네기는 인간관계의 기초를 세 가지 원칙으로 정리한다.

원칙 1: 비난하지 마라, 비평하지 마라, 불평하지 마라

링컨의 편지가 보여주듯, 비난은 역효과를 낳는다. 왜? 인간은 자기 정당화의 동물이기 때문이다.

> "비난받을 때, 사람은 자신의 행동을 정당화하려 한다. 알 카포

네조차 자신을 '사회의 은인'이라고 생각했다. 자신은 사람들에게 즐거움을 줬을 뿐인데 박해받는다고."

— 『인간관계론』

알 카포네. 1920년대 시카고를 지배한 갱스터. 살인, 밀주, 공갈. 그런 그도 스스로를 악당이라고 생각하지 않았다. "나는 사람들이 원하는 것을 줬을 뿐"이라고 말했다. 더 평범한 예를 보자. 감옥에 있는 범죄자들 대부분이 자신은 억울하다고 생각한다. "상황이 그랬다", "어쩔 수 없었다", "그 사람이 먼저 그랬다." 당신 주변의 사람들도 마찬가지다. 아무리 잘못해도 비난하면 방어한다. 변명하고, 당신을 원망한다. 비난은 상대를 바꾸지 않는다. 관계만 망칠 뿐이다.

그러면 어떻게 해야 하는가? 이해하려 노력하라. "왜 그랬을까?" 그 사람 입장에서 생각하라. 비난 대신 이해. 비평 대신 공감. 카네기는 링컨의 명언을 인용한다.

"그들을 비난하지 마라. 같은 상황에서 우리도 그랬을 것이다."

— 에이브러햄 링컨

누군가를 비난하고 싶을 때, 멈춰라. "이 비난이 상대를 바꿀까?" 대부분 아니다. 비난은 당신의 화를 풀어줄지 모르지만, 관계를 해친다. 링컨처럼 편지를 써라. 그리고 보내지 마라.

원칙 2: 솔직하고 진심 어린 인정을 하라

인간의 가장 깊은 욕구는 무엇인가? 카네기는 말한다. '중요하다고 느끼고 싶은 욕구'다.

"인간 본성의 가장 깊은 원리는 인정받고자 하는 갈망이다."

— 윌리엄 제임스 (카네기가 인용)

음식, 수면 같은 기본 욕구는 비교적 충족되기 쉽다. 하지만 '중요감'은 다르다. 끝없이 갈망하게 된다. 사람들이 미치도록 일하고, 성공하려 하고, 명예를 좇고, 과시하는 이유가 여기 있다. 중요한 사람이 되고 싶어서다. 카네기는 예를 든다. 왜 어떤 사람들은 정신병에 걸리는가? 현실에서 중요감을 얻지 못하면, 환상 속에서 찾기도 한다. 자신이 왕이라고, 대통령이라고 믿는다. 정신병의 일부는 중요감 결핍의 극단적 표현이다. 아첨이 아니다. 카네기는 아첨과 진심 어린 인정을 구분한다.

- 아첨: 이기적이다. 가짜다. 효과가 없다. 똑똑한 사람은 알아챈다.
- 진심 어린 인정: 이타적이다. 진짜다. 효과가 있다.

차이는 무엇인가? 진짜로 상대의 장점을 찾는 것이다.

"모든 사람은 어떤 면에서 나보다 낫다. 그 점에서 나는 그에게 배울 수 있다."

— 랄프 왈도 에머슨 (카네기가 인용)

아무리 평범해 보이는 사람도 뭔가 잘하는 게 있다. 그것을 찾아라. 그리고 진심으로 인정하라.

> **INSIGHT**
>
> 오늘 누군가를 진심으로 칭찬하라. 가짜로 하지 마라. 진짜 장점을 찾아라. 가족에게, 동료에게, 낯선 사람에게. "당신의 이런 점이 좋다"고 말하라. 사람들은 그것에 굶주려 있다.

원칙 3: 상대방 안에 강렬한 욕구를 불러일으켜라

카네기는 묻는다. 어떻게 하면 사람을 움직일 수 있는가?

"세상에서 다른 사람에게 영향을 미치는 유일한 방법은 그 사람이 원하는 것에 대해 이야기하고, 그것을 어떻게 얻을 수 있는지 보여주는 것이다."

— 『인간관계론』

당신이 딸기를 좋아한다고 하자. 하지만 낚시를 갈 때 딸기를 미끼로 쓰지는 않는다.

물고기가 좋아하는 것을 쓴다. 지렁이나 작은 물고기. 사람을 움직이는 것도 마찬가지다. 당신이 원하는 것을 말하지 마라. 상대가 원하는 것을 말하라. 카네기는 예를 든다. 세 살짜리 아이가 유치원에 가기 싫어한다. 어떻게 설득하겠는가?

- "유치원에 가면 좋은 교육을 받을 수 있어" – 아이는 관심 없다.

- "엄마가 원해서 가야 해" – 아이는 엄마가 원하는 것에 관심 없다.

카네기는 다르게 접근했다. 아이와 함께 손가락으로 그림을 그렸다. 아이가 좋아했다. 그가 말했다. "유치원에 가면 이런 거 더 많이 할 수 있어." 아이가 가고 싶어했다. 아이가 원하는 것. 그것을 찾아서 연결한 것이다.

"성공의 비결이 있다면, 그것은 다른 사람의 관점에서 사물을 보고, 자기 관점뿐 아니라 그 사람의 관점에서 볼 수 있는 능력이다."

— 헨리 포드 (카네기가 인용)

대부분의 사람들은 자기 관점에서만 말한다. "저한테 이게 필요해요", "제가 원하는 건요", "저를 뽑아주시면요." 반면 사람을 효과적으로 움직이는 사람은 상대 관점에서 말한다. "이게 당신에게 어떤 이익이 되는지", "당신이 원하는 것을 이렇게 얻을 수 있습니다."

INSIGHT

누군가에게 뭔가를 원할 때, 먼저 물어라. "이 사람은 무엇을 원하는가?" 그것을 찾아라. 그리고 당신이 원하는 것과 연결하라. 자기 이익만 말하면 거절당한다. 상대 이익을 말하면 협력을 얻는다.

제2부: 호감을 얻는 6가지 방법

....

사람들이 당신을 좋아하게 만드는 방법. 카네기는 6가지로 정리한다.

방법 1: 다른 사람에게 진심으로 관심을 가져라

"당신은 다른 사람에게 관심을 가짐으로써 두 달 안에 더 많은
친구를 사귈 수 있다. 다른 사람이 당신에게 관심을 갖게 하려고
노력하는 것보다."

—『인간관계론』

모두가 자기 이야기를 하고 싶어 한다. 자기 관심사, 자기 문제,
자기 성공. 하지만 듣는 사람은 드물다. 당신이 상대에게 관심을 가
지면, 상대는 당신을 좋아한다. 단순하지만 강력하다. 카네기는 개
를 예로 든다. 개는 왜 인간에게 사랑받는가? 개는 아무것도 안 준다.
세금도 안 내고, 철학도 모른다.

하지만 개는 당신을 보면 기뻐한다. 꼬리를 흔들며 순수하게 좋
아한다. 그래서 사람들이 개를 사랑한다. 관심을 가져라. 진심으로.

방법 2: 미소 지어라

"행동이 감정을 따라가는 것처럼 보이지만, 사실 행동과 감정은 함께 간다. 의지로 통제할 수 있는 행동을 조절함으로써, 의지로 직접 통제할 수 없는 감정을 간접적으로 조절할 수 있다."

— 윌리엄 제임스 (카네기가 인용)

미소는 전염된다. 미소 짓는 사람을 보면 기분이 좋아지고, 호감이 간다. 미소는 무료다. 하지만 많은 것을 만들어낸다. 단, 진짜 미소여야 한다. 기계적인 가짜 미소는 역효과다. 사람들은 구분한다. 진심에서 우러나는 따뜻한 미소만 통한다. 어떻게 진짜 미소를 만드는가? 억지로 입꼬리를 올리는 게 아니다. 진심으로 기뻐하면 된다. 정말로 상대를 만나서 반갑다고 느껴라. 그러다 보면 미소는 자연스럽게 나온다.

방법 3: 이름을 기억하라

"사람에게 자신의 이름은 어떤 언어로든 가장 달콤하고 중요한
소리다."

—『인간관계론』

이름을 기억하면 상대는 기분이 좋아진다. "이 사람이 나를 중요
하게 여기는구나." 이름을 잊으면 반대다. "나를 대수롭지 않게 여기
는구나." 카네기는 짐 팔리를 예로 든다. 그는 5만 명의 이름을 기억
했다. 프랭클린 루스벨트의 선거 캠프 매니저였고, 우체국장관이 됐
다. 그의 비결은 단지 이름 기억이었다. 어떻게 기억하는가? 비결은
없다. 노력이다. 중요하게 여기면 기억하고, 중요하지 않게 여기면
잊어버린다. 이름을 기억하는 것 자체가 상대를 중요하게 여긴다는
신호다.

방법 4: 잘 들어라. 상대방이 자신에 대해 이야기하도록 격려하라

"당신이 좋은 대화 상대가 되고 싶다면, 귀 기울여 듣는 사람이
되라. 흥미롭게 여겨지려면, 흥미를 가져라. 상대방이 기꺼이 대
답할 질문을 하라. 그의 업적에 대해 이야기하도록 격려하라."

—『인간관계론』

대부분의 사람들은 자기 이야기를 하고 싶어 한다. 듣는 사람은 드물다. 카네기는 어느 파티 이야기를 한다. 그는 몇 시간 동안 한 식물학자와 대화했다. 거의 질문만 하고, 들었다. 상대는 신나게 이야기했다. 파티가 끝난 후, 그 식물학자가 주인에게 말했다. "카네기 씨는 정말 대화를 잘하는 분이시네요." 카네기는 거의 말하지 않았다. 그런데 '대화를 잘한다'는 평가를 받았다. 왜? 잘 들었기 때문이다. 듣는 것이 대화의 비결이다.

방법 5: 상대방의 관심사에 대해 이야기하라

상대가 무엇에 관심 있는가? 그것에 대해 이야기하라. 루스벨트 대통령은 누구를 만나든 그 사람의 관심사를 미리 공부했다. 방문객이 좋아하는 주제에 대해 이야기할 수 있도록. 결과? 모든 사람이 그를 좋아했다. 상대가 낚시를 좋아하면 낚시 이야기를. 요리를 좋아하면 요리 이야기를. 자녀를 자랑스러워하면 자녀 이야기를.

방법 6: 상대방이 중요하다고 진심으로 느끼게 하라

모든 원칙의 핵심이다. 상대를 중요하게 여겨라. 진심으로.

"모든 사람은 어떤 면에서 나보다 낫다."

— 랄프 왈도 에머슨

그것을 찾아라. 인정하라. 상대가 중요하다고 느끼게 하라. 작은 것에서 시작할 수 있다. 웨이터에게, 경비원에게, 택시 기사에게. "고마워요", "수고하세요", "이런 점이 좋았어요." 그들도 중요하다고 느끼고 싶다. 당신이 그것을 줄 수 있다.

6가지 방법은 결국 하나로 수렴한다. 상대에게 집중하라. 자기가 아니라 상대에게. 관심을 가지고, 이름을 기억하고, 듣고, 그의 관심사를 이야기하고, 중요하게 여겨라. 자기 자신에게서 눈을 돌려 상대에게 향하면, 호감은 따라온다.

제3부: 상대방을 설득하는 12가지 방법

·········

카네기의 설득법은 논쟁에서 이기는 것이 아니다. 논쟁을 피하는 것이다.

"논쟁에서 이기는 것은 불가능하다. 지면 진 것이고, 이겨도 진 것이기 때문이다."

— 『인간관계론』

왜 이겨도 지는가? 논쟁에서 이기면, 상대의 자존심을 상하게 한다. 상대는 굴복한 것이다. 기분이 나쁘다. 당신을 원망한다. 관계가 손상된다. 논쟁에서 이기면 논리에서 이긴다. 하지만 사람을 잃는다. 카네기는 벤저민 프랭클린을 인용한다.

"논쟁하고 반박하면 때때로 승리를 거둘 수 있을 것이다. 하지만 그것은 공허한 승리다. 상대의 선의는 결코 얻지 못할 것이기 때문이다."

— 벤저민 프랭클린 (카네기가 인용)

논쟁에서 이기는 유일한 방법은 논쟁을 피하는 것이다.

방법 1: 상대방의 의견을 존중하라. 틀렸다고 절대 말하지 마라

"'당신이 틀렸다'고 말하는 순간, 당신은 상대의 지능, 판단력, 자존심에 직격탄을 날린 것이다. 상대는 마음을 바꾸고 싶어하지 않을 것이다. 반격하고 싶어할 것이다."

—『인간관계론』

"틀렸어"라고 하면 벽이 세워진다. 방어가 시작된다. 대신 이렇게 하라. "제가 틀릴 수도 있어요. 저도 자주 틀리거든요. 한번 살펴볼까요?" 겸손함이 문을 연다. 상대도 방패를 내려놓는다.

방법 2: 틀렸다면 빨리, 분명히 인정하라

　자기 잘못을 인정하면 상대가 무장 해제된다. 카네기는 자신의 경험을 이야기한다. 개를 산책시키다가 공원에서 경찰에게 걸렸다. 목줄 없이 데려왔기 때문이다. 다음에 또 걸렸다. 이번엔 카네기가 먼저 말했다. "죄송합니다. 변명의 여지가 없습니다. 저번에도 경고 받았는데 또 그랬네요. 죄송합니다." 경찰이 말했다. "뭐, 개가 작으니까 해칠 것 같지는 않네요." 카네기가 말했다. "아니에요, 다람쥐를 쫓아가서 물 수도 있어요." 경찰이 말했다. "에이, 너무 심각하게 생각하시네요. 저쪽 언덕으로 데려가세요. 제 눈에 안 보이게만요." 카네기가 자신을 비난하니까, 경찰은 관대해졌다. 반대로 카네기가 변명했다면, 경찰은 더 강경해졌을 것이다.

잘못했을 때, 변명하지 마라. 빨리 인정하라. 분명히 인정하라. 상대가 비난할 기회를 빼앗아라. 당신이 먼저 자신을 비난하면, 상대는 관대해진다.

방법 3: 우호적인 방식으로 시작하라

"한 방울의 꿀이 한 통의 쓸개즙보다 더 많은 파리를 잡는다."

— 링컨 (카네기가 인용)

협상을 시작할 때, 싸우려고 하지 마라. 우호적으로 시작하라. "우리는 같은 편입니다", "우리 목표는 같습니다", "함께 좋은 해결책을 찾아봅시다." 적대적으로 시작하면, 상대도 적대적이 된다. 우호적으로 시작하면, 상대도 부드러워진다.

방법 4: 상대방이 "네"라고 말하게 하라

"대화를 시작할 때, 동의하는 점을 강조하라. 가능하면 같은 목적을 향해 노력하고 있다는 것을 강조하라. 차이는 방법뿐이라고."

—『인간관계론』

처음부터 "네"라고 말하게 하라. 동의하는 점부터 시작하라. "네"가 반복되면 긍정적 분위기가 형성된다. "아니오"가 반복되면 방어적 분위기가 형성된다. 소크라테스의 방법이다. 질문을 통해 "네"를 끌어내고, 점진적으로 원하는 결론에 도달하게 한다.

방법 5: 상대방이 많이 말하게 하라

대부분의 사람들은 자기 이야기를 하고 싶어 한다. 상대가 말하게 하라. 당신은 들어라. 상대가 다 말하고 나면, 방어가 풀린다. 당신이 말할 차례가 온다. 설득하려고 말을 많이 하면 역효과다. 듣는 것이 곧 설득이다.

방법 6: 상대방이 아이디어를 자기 것이라고 느끼게 하라

"사람들은 강요받은 아이디어보다 스스로 발견한 아이디어를 더 신뢰한다."

— 『인간관계론』

당신의 아이디어를 강요하지 마라. 상대가 스스로 그 결론에 도달하게 유도하라. "이렇게 하시죠"보다 "어떻게 하면 좋을까요? 혹시 이런 방법은요?" 상대가 "아, 그러면 이렇게 하면 되겠네요"라고 말하면, 그것은 이제 '그의 아이디어'다.

그는 그것을 지키려 할 것이다.

방법 7: 상대방의 관점에서 보려고 진지하게 노력하라

"상대방이 완전히 틀렸을 수도 있다. 하지만 그는 그렇게 생각하지 않는다. 그를 비난하지 마라. 어떤 바보도 그렇게 할 수 있다. 그를 이해하려고 노력하라. 현명하고, 관대하고, 예외적인 사람만이 그렇게 한다."

— 『인간관계론』

상대의 입장에서 생각하라. 그가 왜 그렇게 생각하는지, 그의 배경은 무엇인지, 그의 두려움과 욕구는 무엇인지. 이해하면 대응이 달라진다.

방법 8: 상대방의 생각과 욕구에 공감하라

마법의 문장이 있다.

"당신이 그렇게 느끼는 것은 당연합니다. 제가 당신이라면 저도 분명히 그렇게 느꼈을 겁니다."

— 『인간관계론』

이 한마디가 적을 친구로 바꾼다. 상대가 인정받았다고 느끼기 때문이다. 자기 감정이 타당하다고 인정받았기 때문이다. 공감을 표현하라. 동의하지 않아도 된다. 하지만 이해한다고 말하라.

방법 9-12: 고상한 동기에 호소하고, 드라마틱하게 표현하고, 도전을 던져라

카네기의 나머지 방법들은 동기 부여에 관한 것이다. 사람들은 고상한 이유로 행동하고 싶어 한다. 그 동기에 호소하라. 아이디어를 드라마틱하게 표현하라. 이야기로, 시각적으로. 도전을 던지고 경쟁심을 자극하라.

제4부: 리더가 되는 법

·········

카네기는 리더십에 대해서도 조언한다. 핵심은 같다. 사람의 자존심을 지켜주는 것.

원칙: 칭찬으로 시작하라

비판해야 할 때도 칭찬으로 시작하라.

"치과 의사가 먼저 마취를 하듯, 우리도 칭찬으로 시작해야 한다."

"당신이 잘하는 점은 이것이다. 그런데 이 부분은 이렇게 개선하면 좋겠다." 칭찬 없이 바로 비판하면 방어벽이 세워진다. 반면 칭찬이 먼저 오면 문은 그냥 열린다.

원칙: 자신의 실수를 먼저 이야기하라

상대를 비판하기 전에, 자신의 실수를 먼저 이야기하라. "나도 예전에 같은 실수를 했어. 그래서 아는데..." 상대는 덜 방어적이 된다. "완벽한 사람이 나를 비판하는 게 아니구나. 나랑 비슷한 사람이 소언해주는 거구나."

원칙: 명령하지 말고, 질문하라

"이렇게 해"보다 "이렇게 해보면 어떨까요?" 명령은 저항을 부른다. 질문은 협력을 부른다. "이 보고서를 다시 써"보다 "이 부분을 이렇게 바꾸면 더 좋을 것 같은데, 어떻게 생각해요?"

원칙: 체면을 세워줘라

공개적으로 망신 주지 마라. 사석에서 말하라. 상대의 자존심을 지켜줘라. 잘못을 지적하면서도 체면을 살려줄 방법을 찾아라.

비판: 카네기의 한계

카네기의 원칙은 강력하지만, 비판도 있다.

첫째, 조작적이라는 비판

카네기의 기법들이 진심이 아니라 계산된 전략처럼 보일 수 있다. "이름을 기억하라", "상대 관심사를 이야기하라". 이것이 진정한 관계인가, 조작인가? 카네기는 답한다. 진심이어야 한다. 가짜는 들통난다. 기법은 진심을 표현하는 방법일 뿐이다.

둘째, 갈등 회피라는 비판

카네기는 비판을 피하고, 칭찬하고, 우호적으로 하라고 한다. 하지만 때로는 직접적 대면이 필요하지 않은가? 불의에 맞서야 하지 않은가? 하지만 카네기의 맥락을 기억하라. 그는 비즈니스 관계, 일상적 인간관계를 다룬다. 모든 상황에 적용되는 원칙은 아니다.

셋째, 시대적 한계

1936년에 쓰였다. 일부 예시와 언어가 구식이다. 성별 역할에 대한 관점도 현대와 다르다. 하지만 핵심 원칙은 여전히 유효하다. 인간 본성은 변하지 않았기 때문이다.

내일, 당신이 만날 사람 : 카네기의 인간관계 공식

....

카네기는 말했다. 사람을 다루는 것은 성격이 아니라 기술이다. 배울 수 있다. 연습할 수 있다. 내일도, 당신은 누군가를 만날 것이다. 가족, 동료, 고객, 낯선 사람. 카네기의 질문을 품어라. "이 사람은 무엇을 원하는가? 어떻게 하면 중요하다고 느끼게 할 수 있는가?" 작은 것부터 시작하라. 이름을 기억하라. 귀 기울여 들어라. 진심으로 칭찬하라. 상대 관심사에 대해 물어라. 90년 전의 원칙이지만 인간은 변하지 않았다. 여전히 인정받고 싶고, 중요하게 여겨지고 싶고, 이해받고 싶다. 그것을 주는 사람은 원하는 것을 얻는다. 그것이 카네기가 발견한, 가장 오래되고 가장 효과적인 기술이다.

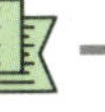

카네기 더 읽기

- 『**인간관계론**』 필독서 　　　　　　　　　　　 난이도 ★☆☆☆☆
- 『**자기관리론**』 걱정과 스트레스 관리 　　　　 난이도 ★☆☆☆☆
- 『**카네기 리더십**』 리더십에 초점 　　　　　　 난이도 ★☆☆☆☆

고프먼의 인상 관리

인생은 무대, 우리는 배우다

03

Erving Goffman

당신은 진짜 '당신'인가? 회사에서의 당신, 친구들 앞에서의 당신, 부모님 앞에서의 당신. 모두 같은가? 다르다면, 어느 쪽이 진짜인가? 어빙 고프먼은 충격적인 답을 준다. '진짜 나'란 없다. 우리는 모두 배우다. 인생은 무대고, 우리는 매 순간 역할을 연기한다. 가식이 아니다. 인간의 본성이다. 사회생활의 조건이다. 당신이 연기하고 있다는 것을 알면, 더 잘 연기할 수 있다. 그리고 다른 사람의 연기도 읽을 수 있다. 고프먼의 사회학을 안다는 것은 '전면/후면 무대'를 외우는 게 아니다. 고프먼처럼 일상을 연극으로 보는 것이다.

면접실의 두 사람

....

면접실. 그녀가 들어온다. 미소를 짓는다. 너무 크지 않게, 적당히 자신감 있게. 악수한다. 힘 있게, 하지만 세지 않게. 앉는다. 허리를 펴고, 손은 무릎 위에.

면접관이 묻는다. "왜 우리 회사에 지원하셨나요?" 그녀는 준비한 답을 한다. 진심 반, 전략 반. 회사의 비전에 공감한다는 이야기. 자신의 강점이 이 역할에 맞는다는 이야기. 목소리는 차분하게, 하지만 열정이 느껴지게. 면접관도 연기한다. 권위 있게, 하지만 위압적이지 않게. 메모하는 척, 사실은 이미 결정했을 수도 있다.

"좋은 질문이네요"라고 말하지만, 실제로는 열 번째 듣는 질문이다. 30분 동안 두 사람은 연기한다. 서로 그것을 안다. 하지만 내색하지 않는다. 연극이 끝나면, "연락드리겠습니다"라는 대사와 함께 막이 내린다. 면접실을 나온 그녀. 복도를 걷다가 화장실에 들어간다. 거울을 본다. 긴장을 푼다. 얼굴이 달라진다. 혼잣말을 한다. "아, 긴장됐다." 5분 전의 그녀와 지금의 그녀. 같은 사람인가, 다른 사람인가? 어빙 고프먼이라면 이렇게 말했을 것이다. "둘 다 당신입니다. 면접실의 당신은 '전면 무대'의 당신이고, 화장실의 당신은 '후면 무대'의 당신이죠. 둘 다 진짜입니다. 다만 역할이 다를 뿐."

연극적 접근: 삶은 공연이다

....

고프먼의 핵심 아이디어는 '연극적 접근Dramaturgical Approach'이다. 사회생활을 연극에 비유한다. 무대, 배우, 관객, 대본, 소품, 의상. 연극의 모든 요소가 일상에 있다.

"사람들은 다른 이들 앞에 나타날 때, 자신의 행동을 조정해 특
정한 인상을 전달하려 한다."

─『자아 연출의 사회학』

이것이 '인상 관리Impression Management'다. 우리는 의식적이든 무의
식적이든, 다른 사람에게 특정 인상을 주려고 한다. 유능해 보이려
고, 친절해 보이려고, 매력적으로 보이려고. 고프먼은 이것이 가식
이나 속임수가 아니라고 말한다. 인간 사회의 기본 작동 방식이나.
사회생활은 상호 연기이며, 그 연기를 통해 질서가 유지된다.

전면 무대와 후면 무대

. . . .

고프먼의 가장 유명한 개념이다.

전면 무대Front Stage

관객이 있는 곳. 공연이 이루어지는 곳. 회사에서의 당신. 고객 앞
에서의 당신. 면접에서의 당신. 파티에서의 당신. 전면 무대에서 우
리는 역할에 맞게 행동한다. 의상(복장)을 갖추고, 대사(적절한 말)를
하고, 몸짓(바디랭귀지)을 조절한다.

"전면front은 개인이 공연 중에 사용하는 표현 장치로, 관찰자들에게 상황을 정의하는 데 도움을 준다."

―『자아 연출의 사회학』

후면 무대Back Stage

관객이 없는 곳. 공연이 준비되는 곳. 긴장을 푸는 곳. 집에서의 당신. 화장실에서의 당신. 가까운 친구와만 있을 때의 당신. 후면 무대에서 우리는 역할을 내려놓는다. 전면에서 억눌렀던 것을 표현한다. 욕을 하고, 푸념하고, 긴장을 풀고, '진짜' 모습을 보인다.

"후면 무대는 억눌렀던 사실들이 드러나는 곳이다. 여기서 배우는 전면 무대에서 키운 인상과 모순되는 행동을 할 수 있다."

―『자아 연출의 사회학』

레스토랑을 예로 들어보자. 웨이터가 테이블에 다가온다. 미소,

정중함, 전문성. "어서 오세요. 무엇을 도와드릴까요?" 이것이 전면 무대다. 웨이터가 주방에 들어간다. 표정이 바뀐다. "저 손님 진짜 까다롭네." 동료와 험담을 하며 피는 담배 한 대. 이것이 후면 무대다. 둘 다 같은 사람이다. 다른 무대에서 다른 역할을 하는 것뿐.

공연 요소들: 무대장치, 외모, 태도

고프먼은 공연의 구성 요소를 분석한다.

1. 무대장치Setting

공연이 이루어지는 물리적 환경. 가구, 인테리어, 위치. 의사의 진료실을 생각하라. 하얀 가운, 학위증, 의료 장비. 이것들이 '전문가'라는 인상을 만든다. 같은 사람이 티셔츠를 입고 카페에 앉아 있으면, 권위가 사라진다. CEO의 사무실. 높은 층, 큰 책상, 가죽 의자, 도시 전경. 이것들은 '권력'을 연출한다. 무대장치는 공연자의 정체성을 지원한다.

2. 외모^{Appearance}

공연자의 외적 특성. 의상, 머리 스타일, 액세서리. 변호사의 정장. 예술가의 자유로운 복장. 은행원의 단정함. 의상은 역할을 신호한다. 고프먼은 말한다. 우리는 옷을 입는 것이 아니라, 역할을 입는다.

3. 태도^{Manner}

공연 중의 행동 방식. 말투, 몸짓, 표정. 친절한 점원의 미소와 공손함. 엄격한 교수의 진지함과 권위. 태도는 역할을 구체화한다.

세 요소가 일관될 때, 공연은 신뢰를 얻는다. 불일치하면 의심을 산다. 고급 레스토랑에서 웨이터가 슬리퍼를 신고 있다면? 신뢰가 깨진다.

이상화: 가장 좋은 버전을 보여주다

....

고프먼은 '이상화idealization'라는 개념을 제시한다.

"공연은 사회적으로 인정된 가치를 구현하고 강조하는 경향이 있다. 그 가치를 실제로 지니고 있든 없든."

—『자아 연출의 사회학』

우리는 자신의 '이상화된 버전'을 보여주려 한다. 실제보다 더 유능하게, 더 도덕적으로, 더 성공적으로. 인스타그램을 예로 들어보자. 여행 사진. 완벽한 구도, 행복한 미소. 하지만 그 사진을 찍기 위해 50번 포즈를 바꿨다. 비행기 지연, 숙소 문제, 여행 중 싸움은 사진에 등장하지도 않는다. 인스타그램은 이상화의 극단이다. 전면 무대만 보여주는 플랫폼. 후면은 철저히 숨긴다. 고프먼이 SNS 시대에 살았다면 할 말이 많았을 것이다.

다음은 직장을 보자. 회의에서 자신 있게 발표한다. 마치 모든 것을 알고 있는 것처럼. 하지만 밤새 준비했고, 여전히 불확실한 부분이 많다. 그것은 숨긴다. 성공은 부각하고, 실패는 숨기거나 외부 요인으로 돌린다. "프로젝트가 잘 됐습니다"(내 덕분). "프로젝트가 안 됐습니다"(시장 상황 때문). 이상화는 보편적이다. 누구나 한다. 문제는 그것이 너무 현실과 동떨어질 때다.

당신은 얼마나 이상화하는가? 완전한 투명성은 불가능하고, 아마 바람직하지도 않다. 하지만 너무 큰 간극은 피로하고, 들통나면 신뢰를 잃는다. 적절한 이상화와 과도한 허세 사이의 선을 찾아라.

신비화: 거리가 권위를 만든다

고프먼은 '신비화Mystification'도 분석한다.

"관객과 공연자 사이에 사회적 거리를 유지함으로써, 관객이 공연자에 대해 경외심을 갖게 된다."

— 『자아 연출의 사회학』

권위는 거리에서 온다. 너무 가까이 가면 환상이 깨진다. 왕과 귀족을 보자. 역사적으로 왕은 백성과 거리를 뒀다. 높은 곳에 앉고, 특별한 복장을 하고, 일상을 보이지 않았다. 왕이 화장실 가는 모습을 보면 권위가 사라진다.

　이번엔 유명 아이돌의 예를 보자. 이들 대부분의 매력은 신비에서 온다. 하지만 파파라치가 일상을 폭로하면? 화장 안 한 얼굴, 시장 보는 모습, 평범한 일상. 환상이 깨진다. SNS 시대에 유명인들은 딜레마에 빠진다. 친근함을 보여주면 신비가 사라지고, 거리를 두면 관심이 사라진다. 이것은 좋은 리더십과도 연결된다. 좋은 리더는 적절한 거리를 유지한다. 너무 가까우면 권위가 없고, 너무 멀면 연결이 없다. "직원들과 너무 친해지지 마라"는 조언의 근거이기도 하다. 후면 무대를 보여주면 전면의 권위가 약해진다.

당신에게 권위가 필요한 관계가 있는가? 적절한 거리를 유지하라. 모든 것을 보여주지 마라. 신비화가 권위를 만든다. 반대로, 친밀함이 필요한 관계에서는 거리를 줄여라. 상황에 맞는 거리 조절이 기술이다.

팀 퍼포먼스: 함께 연기하기

. . . .

연극은 혼자 하지 않는다. 팀으로 한다. 고프먼은 '팀 퍼포먼스 Team Performance'를 분석한다. 여러 사람이 협력해서 하나의 인상을 만들어내는 것.

"팀은 하나의 루틴을 무대에 올리는 데 협력하는 개인들의 집합이다."

— 『자아 연출의 사회학』

결혼식을 예로 들어보자. 신랑, 신부, 양가 부모, 하객. 모두가 팀이다. "행복한 두 가족의 결합"이라는 인상을 함께 연출한다. 사실 양가에 갈등이 있을 수 있다. 신부 어머니가 시어머니를 싫어할 수 있다. 하지만 결혼식이라는 전면 무대에서는 모두 웃는다. 악수하고, 축하하고, 감동하는 척한다. 후면 무대(피로연 뒤풀이, 집에 돌아간 후)

에서야 진심이 나온다.

회사도 팀 퍼포먼스다. 고객 앞에서 "우리는 전문적이고 협력적인 팀입니다"라는 인상을 연출한다. 회의실에서 고객에게 프레젠테이션할 때, 팀원들은 서로를 지지한다. 동료가 말실수해도 커버해준다. "네, 그 부분은 제가 보충하자면…" 고객이 떠난 후? "야, 왜 그런 말을 했어?" 전면에서는 단결된 모습이라도, 후면에서는 갈등이 있다. 팀 퍼포먼스의 일상이다. 팀에 속하면 의무가 생긴다.

- 비밀 유지: 팀의 후면 무대를 외부에 노출하지 않는다.
- 상호 지원: 동료의 공연이 무너지면 도와준다.
- 일관성: 팀의 공식 입장과 다른 말을 하지 않는다.

이 의무를 어기는 사람이 있다. '배신자'다. 회사 기밀을 누설하는 직원, 가족의 치부를 외부에 말하는 친척. 그들은 팀에서 추방된다.

INSIGHT

당신은 어떤 팀에 속해 있는가? 가족, 회사, 친구 그룹. 그 팀의 전면 무대와 후면 무대는 어디인가? 당신은 팀 퍼포먼스에 얼마나 협력하고 있는가? 팀의 비밀을 지키고 있는가?

인상 관리의 붕괴: 무대 사고

....

공연은 항상 성공하지 않는다. 무대 사고가 난다. 고프먼은 이것을 '인상 관리의 붕괴Breakdown of Impression Management'라고 부른다.

유형 1: 의도치 않은 제스처

계획에 없던 행동이 튀어나온다. 면접에서 긴장해서 말을 더듬는다. 중요한 프레젠테이션에서 땀이 난다. 데이트에서 음식을 흘린다.

유형 2: 부적절한 침입

외부인이 후면 무대에 침입한다. 고객이 갑자기 주방에 들어온다. 상사가 점심시간에 휴게실을 급습한다. 부모님이 예고 없이 자취방을 방문한다.

유형 3: 실수_{Faux Pas}

역할에 맞지 않는 말이나 행동을 한다. 장례식에서 웃음이 터진다. 중요한 사람의 이름을 틀리게 부른다. 비밀을 실수로 누설한다.

유형 4: 장면_{Scene}

누군가 의도적으로 공연을 방해한다. 회의 중 갑자기 싸움이 난다. 파티에서 누군가 폭발한다.

고프먼은 이런 사고 발생 후 회복 전략도 분석한다.

- 무시하기: 아무 일 없었던 것처럼 넘어간다. 작은 실수에 효과적.

- 유머화하기: 웃음으로 넘긴다. "제가 긴장했나 봐요, 하하."

- 사과하기: 진심으로 사과하고, 역할로 돌아간다.

- 재정의하기: 상황 자체를 다르게 해석한다. "사실 그건 일부러 그런 거예요."

INSIGHT

무대 사고는 누구에게나 일어난다. 중요한 것은 회복이다. 당황하지 마라. 너무 사과하지도 마라. 빨리 역할로 돌아가라. 대부분의 관객은 당신의 공연이 성공하기를 바란다. 그들도 실패의 민망함을 원치 않으니까.

체면 관리: 서로의 연기를 지켜주다

. . . .

고프먼의 또 다른 핵심 개념이 '체면Face'이다.

"체면이란 개인이 특정 접촉에서 성공적으로 주장하고 있다고
다른 사람들이 가정하는 긍정적 사회적 가치다."

—『상호작용 의례』

체면은 내가 주장하는 나의 이미지다. 그리고 사회생활의 핵심
규칙이 있다. 서로의 체면을 지켜주라. 우리는 타인의 공연이 실패
하면 같이 불편해진다. 그래서 서로의 공연을 도와준다. 이것이 '체
면 관리Face-work'다.

예: 어색한 침묵

누군가 재미없는 농담을 한다. 아무도 안 웃는다. 어색하다. 누군
가 억지로 웃어준다. "하하, 재밌네요." 왜? 농담한 사람의 체면을 살
려주기 위해서.

예: 실수 무시하기

누군가 사람 이름을 틀리게 부른다. 대부분은 교정하지 않고 넘
어간다. 왜? 지적하면 체면이 깎이니까.

예: 칭찬 주고받기

"새 옷 샀어요? 멋지네요." "아, 이거요? 그냥 싼 건데." 한국식 겸손 교환. 칭찬을 주고, 겸손으로 받고. 둘 다의 체면이 유지된다.

하지만 어떤 상황에서는 체면이 위협받는다.

- 공개적 비판
- 무시당함
- 거절당함
- 실수가 드러남
- 약속을 못 지킴

이런 상황에서 사람들은 체면을 회복하려 한다. 변명, 정당화, 공격, 회피. 다양한 전략을 쓴다.

INSIGHT

누군가의 체면을 깎는 것은 관계를 깎는 것이다. 비판해야 한다면 사적으로. 거절해야 한다면 부드럽게. 상대의 공연이 무너지지 않게 도와주는 것이 사회적 기술이다. 당신이 상대의 체면을 지켜주면, 상대도 당신의 체면을 지켜준다.

스티그마: 공연을 허락받지 못한 사람들

....

고프먼의 또 다른 중요한 저작 『스티그마』. 스티그마(낙인)란, 사회적으로 '결점'으로 여겨지는 속성이다. 이 속성 때문에 정상적인 사회적 공연이 어려워진다.

"스티그마가 있는 개인은 완전한 사회적 수용에서 배제된다."

—『스티그마』

고프먼은 스티그마의 유형을 분류한다.

1. 신체적 스티그마: 장애, 기형, 흉터
2. 성격적 스티그마: 정신질환, 중독, 전과
3. 집단적 스티그마: 인종, 종교, 국적

스티그마가 있는 사람은 인상 관리가 더 복잡해진다.

정보 관리

....

스티그마가 보이지 않으면, '정보 관리'의 문제가 된다. 숨길 것인가, 드러낼 것인가? 커밍아웃 전 동성애자의 고민. 이력서 앞에 선 전과자의 고민. 정신질환을 겪은 사람이 직장에 말할지 말지의 고민. 모두 같은 질문이다. 숨기면 긴장이 따른다. 들킬까 봐 불안하다. 이중생활의 피로가 쌓인다. 드러내면 낙인이 따른다. 차별, 편견, 배제.

커버링과 패싱

....

고프먼은 두 가지 전략을 분석한다.

- 패싱Passing: 스티그마를 완전히 숨기고, '정상'인 척 행동한다.
- 커버링Covering: 스티그마를 인정하되, 덜 눈에 띄게 관리한다.

둘 다 피로하다. 스티그마가 있는 사람들은 항상 인상 관리에 추가 노력이 필요하다.

실전: 직장에서의 인상 관리

....

직장은 인상 관리의 주 무대다.

신입사원의 도전

신입은 자신이 '유능하고 신뢰할 만한 직원'임을 증명해야 한다. 공연의 압박이 크다.

- 아침 일찍 출근(열정적)

- 회의에서 발언(적극적)

- 실수를 숨기거나 최소화(유능함)

- 상사에게 적절히 보고(신뢰성)

시간이 지나면 공연이 안정된다. '이런 사람'이라는 인식이 굳어진다. 좋은 인상이 굳어지면 이후가 편해진다. 나쁜 인상이 굳어지면 회복이 어렵다.

회의라는 무대

회의는 전형적인 전면 무대다. 참석자들은 '발언'을 통해 자신을 연출한다. 날카로운 질문(똑똑함), 정리 발언(리더십), 유머(친화력). 모두 계산된 공연이다. 아무 말도 안 하면? '존재감 없음'으로 인식된다. 너무 많이 하면? '잘난 척'으로 인식된다. 적절한 빈도와 내용이 기술이다.

상사와의 관계

상사 앞에서의 공연은 특별하다. 권력 관계가 있기 때문이다.

- 적절한 존경 표현(위계 인정)
- 성과 부각(유능함 증명)
- 문제 최소화 보고(안정감 제공)
- 상사의 농담에 웃음(관계 관리)

너무 굽신거리면 아첨꾼으로 보인다. 너무 당당하면 건방지게 보인다. 균형이 기술이다.

INSIGHT

직장에서 당신의 '브랜드'는 무엇인가? 어떤 인상을 만들고 있는가? 의식하지 않으면 인상이 우연에 맡겨진다. 의식하면 설계할 수 있다. 물론 실력이 뒷받침되어야 한다. 공연만으로는 오래 못 간다.

진정성의 역설

....

고프먼의 이론에는 불편한 함의가 있다. '진짜 나'는 있는가? 전면 무대에서 나는 연기한다. 후면 무대에서도 나는 다른 방식으로 연기한다. 그렇다면 연기 아래 '진짜 나'는 어디 있는가? 고프먼은 명시적으로 답하지 않는다. 하지만 그의 이론은 암시한다. 자아는 역할들의 집합이다.

"자아는 공연의 산물이지, 그 원인이 아니다."

— 어빙 고프먼의 해석에 대한 학자들의 요약

이것은 불안하게 들릴 수 있다. 진짜 내가 없다고? 하지만 다르게 볼 수도 있다. 자아는 고정된 실체가 아니라 과정이다. 관계 속에서 구성되고, 상황에 따라 표현된다. '진짜 나'를 찾으려 하지 말고, '어떤 나를 만들 것인가'를 물어라. 현대 사회는 '진정성authenticity'을 강조한다. "진짜 너 자신이 돼라." 하지만 고프먼의 관점에서, 이것도 하나의 공연이다. '진정한 사람'이라는 인상을 연출하는 것. 완전한 진정성은 불가능하다. 그리고 아마 바람직하지도 않다. 모든 생각을 말하고, 모든 감정을 표현하고, 모든 후면을 보여주면? 사회생활이 불가능해진다. 적절한 공연은 위선이 아니다. 사회적 윤활유다. 서로의 공연을 존중하고, 협력하는 것이 문명이다.

무대 위의 하루 : 고프먼의 인상 관리 해부술

....

내일 아침, 당신은 무대에 오른다. 출근길. 엘리베이터에서 동료를 만난다. "안녕하세요, 주말 잘 보내셨어요?" 작은 공연이 시작된다. 회의실. 자리에 앉는다. 표정을 관리한다. 발언을 준비한다. 더 큰 공연이다. 점심. 친한 동료와 밥을 먹는다. 긴장을 조금 푼다. 후면 무대에 가까워진다. 집. 문을 닫는다. 옷을 벗고, 소파에 눕는다. 후면 무대다. 이 모든 순간에 당신은 역할을 한다. 나쁜 것이 아니다. 인간이 사회에서 사는 방식이다.

다만 인식하라. 당신이 연기하고 있다는 것을. 인식하면 더 잘 연기할 수 있다. 원하는 인상을 더 효과적으로 만들 수 있다. 그리고 기억하라. 다른 사람들도 연기하고 있다는 것을. 그들의 전면 뒤에는 후면이 있다. 완벽해 보이는 사람도 불안하다. 자신 있어 보이는 사람도 두렵다. 무대 위의 배우들이 서로의 공연을 지켜주며 살아간다. 그것이 인간 사회다.

- 『**자아 연출의 사회학**』 고프먼의 대표작 　　　　　　난이도 ★★★☆☆
- 『**상호작용 의례**』 체면 관리와 의례 분석 　　　　　　난이도 ★★★☆☆
- 『**스티그마**』 낙인과 정체성 관리 　　　　　　　　　　난이도 ★★☆☆☆

Erwing
Goffman

애덤 그랜트의 기브앤테이크

주는 사람이 결국 이긴다

04

Adam Grant

성공하려면 받아야 하는가, 줘야 하는가? 상식적으로 생각해보면 비즈니스는 전쟁이다. 남보다 더 가져야 이긴다. 주는 사람은 호구가 된다. 하지만 애덤 그랜트의 연구는 정반대를 보여준다. 성공의 사다리 꼭대기에 누가 있는가? 주는 사람이다. 그런데 바닥에도 주는 사람이 있다. 차이는 무엇인가? '어떻게' 주느냐다. 현명하게 주는 사람은 결국 이긴다. 이기적으로 가져가는 사람은 결국 진다. 이것은 도덕적 설교 같은 것이 아니다. 데이터가 증명하는 사실이다. 그랜트의 심리학을 안다는 것은 '기버/테이커/매처'를 외우는 게 아니다. 그랜트처럼 상호작용의 장기적 결과를 보는 것이다.

실리콘밸리의 이상한 성공

....

2000년대 초반, 실리콘밸리. 한 남자가 있었다. 애덤 리프킨. 프로그래머이자 창업가. 그에게는 이상한 습관이 있었다. 낯선 사람을 도왔다. 아무 대가 없이. 어느 날, 그는 펑크 록 밴드 팬 사이트를 만들었다. 그린데이Green Day. 그냥 좋아서 만들었다. 한 사람이 이메일을 보내왔다. 그레이엄 스펜서. "그린데이는 진짜 펑크가 아니에요. 진짜 펑크 밴드들을 소개하는 페이지를 만들어주세요." 리프킨은 요청을 들어줬다. 함께 다른 펑크 밴드들을 소개하는 페이지를 만들었다.

몇 년 후, 그레이엄 스펜서는 익사이트Excite라는 검색 엔진 회사의 공동창업자가 됐다. 리프킨이 새 사업을 시작했을 때, 스펜서가 도와줬다. 투자자를 연결해줬다. 문이 열렸다. 우연인가? 아니다. 리프킨의 인생 전체가 이런 패턴이었다. 2011년, 포춘 매거진이 "최고의 네트워커"를 선정했다. 실리콘밸리에서 가장 연결이 좋은 사람. 1위는 누구였을까? 마크 저커버그? 일론 머스크? 아니다. 애덤 리프킨이었다. 리프킨의 철학은 단순했다. "5분의 호의Five-Minute Favor." 5분 안에 할 수 있는 작은 도움을 베풀어라. 소개해주기, 피드백 주기, 정보 공유하기. 대가를 기대하지 마라.

미친 짓처럼 보인다. 바쁜 실리콘밸리에서 낯선 사람을 무료로 돕는다고? 시간 낭비 아닌가? 호구짓 아닌가? 하지만 결과를 보라. 실리콘밸리 최고의 네트워커. 성공한 창업가. 수많은 사람들이 기꺼이 돕는 사람. 애덤 그랜트는 이 현상을 연구했다. 그리고 발견했다. 리프킨만 특별한 게 아니었다. '주는 사람'이 성공하는 것은 보편적 패턴이다.

그랜트, 성공의 공식을 뒤집다

....

애덤 그랜트는 펜실베이니아 대학교 와튼 스쿨의 조직심리학 교수다. 세계에서 가장 영향력 있는 경영 사상가 중 한 명으로 꼽힌다. 그의 연구는 직관에 반한다. 성공에 관한 기존 믿음을 뒤집는다. 기존 믿음은 무엇인가? 성공하려면 야망이 있어야 한다. 경쟁에서 이겨야 한다. 자기 이익을 챙겨야 한다. 하지만 그랜트는 발견했다. 장기적으로 가장 성공하는 사람들은 '주는 사람'이다.

"성공에 대한 기존의 지혜는 개인의 동기, 능력, 기회를 강조한다. 하지만 성공은 우리가 다른 사람들과 어떻게 상호작용 하느냐에도 크게 달려 있다."

— 『기브앤테이크』

그랜트는 수천 명의 데이터를 분석했다. 엔지니어, 의대생, 영업 사원. 다양한 직종을 연구했다. 그 결과 한 가지 중요한 변수를 발견했다. 동기, 능력, 기회에 더해 네 번째 요소. IQ도, 학벌도, 경력도 아니었다. '상호작용 스타일'이었다. 주는 사람인가, 받는 사람인가, 균형 맞추는 사람인가.

세 가지 유형: 기버, 테이커, 매처

....

그랜트는 사람들을 세 가지 유형으로 분류한다.

기버^{Giver} — 주는 사람

받는 것보다 더 많이 준다. 다른 사람의 이익을 먼저 생각한다. 기버는 질문한다. "내가 어떻게 도와줄 수 있을까?" 기버는 시간을 쓰고, 지식을 공유하고, 연결을 만들어준다. 대가를 기대하지 않는다. 상대가 갚을 수 없어도 돕는다.

테이커^{Taker} — 가져가는 사람

주는 것보다 더 많이 받으려 한다. 자기 이익을 먼저 생각한다. 테이커는 질문한다. "이 사람이 나에게 무엇을 해줄 수 있을까?" 테이커는 관계를 도구로 본다. 자신에게 이익이 되면 투자하고, 아니면 버린다. 자신을 부각하고, 공을 가져가고, 책임을 전가한다.

매처^{Matcher} — 균형 맞추는 사람

주는 만큼 받으려 한다. 공정함을 추구한다. 매처는 주장한다. "저번에 내가 도와줬으니, 이번엔 네가 도와줘야지." 매처는 호의를 교환한다. 받으면 갚고, 주면 기대한다. 관계를 거래처럼 본다. 공정하지만 계산적이다.

"우리 대부분은 세 가지 스타일을 상황에 따라 섞어서 쓴다. 하지만 일반적으로 선호하는 스타일이 있다. 그것이 우리의 성공에 큰 영향을 미친다."

— 『기브앤테이크』

비율을 보자. 그랜트의 연구에 따르면:

- 테이커: 약 19%
- 매처: 약 56%

- 기버: 약 25%

대부분의 사람은 매처다. 공정함을 추구한다. 기버와 테이커는 소수다.

성공의 역설: 바닥과 꼭대기

....

그랜트는 놀라운 사실을 발견한다. 성공의 사다리 바닥에 누가 있는가? 기버다. 성공의 사다리 꼭대기에 누가 있는가? 역시 기버다.

"기버가 가장 낮은 성과를 보인다는 것은 놀랍지 않다. 하지만 기버가 가장 높은 성과도 보인다는 것은 놀랍다."

— 『기브앤테이크』

그는 캘리포니아의 엔지니어들을 연구했다. 생산성이 가장 낮은 사람들은? 기버였다. 남을 돕느라 자기 일을 못 했다. 하지만 생산성이 가장 높은 사람들도? 역시 기버였다. 남을 도우면서 자신의 성과도 올렸다. 테이커와 매처는 중간에 몰려 있었다. 바닥에도 없고, 꼭대기에도 드물었다. 이번엔 광학 회사의 영업사원들을 연구했다. 매출이 가장 낮은 사람들은? 기버였다. 고객의 이익을 먼저 생각하다가 자기 실적을 놓쳤다. 하지만 매출이 가장 높은 사람들도? 역시 기버였다. 고객의 이익을 먼저 생각했더니, 고객이 충성했다. 재구매하고, 추천했다. 다음은 의대생들의 성적을 연구했다. 학점이 가장 낮은 학생들은? 기버였다. 친구들 공부 도와주다가 자기 공부를 못했다. 하지만 학점이 가장 높은 학생들도? 역시 기버였다. 가르치면서 자신도 더 깊이 이해했다.

패턴이 보인다. 기버는 양 극단에 있다. 실패하는 기버와 성공하는 기버. 테이커와 매처는 중간에 있다. 안전하지만 탁월하지 않다. 그렇다면 질문이 생긴다. 실패하는 기버와 성공하는 기버의 차이는 무엇인가?

당신이 기버라면, 두 가지 가능성이 있다. 바닥에 있거나 꼭대기에 있거나. 중요한 것은 '어떻게' 주느냐다. 무작정 주면 바닥으로 간다. 전략적으로 주면 꼭대기로 간다.

테이커는 왜 결국 지는가

....

테이커가 단기적으로 이기는 것처럼 보일 때가 있다. 남을 밟고 올라가면 빨리 올라간다. 공을 가져가면 인정받는다. 하지만 장기적으로는 진다. 왜?

이유 1: 평판

테이커의 행동은 결국 알려진다.

"테이커가 성공할수록, 그들은 더 많은 적을 만든다. 매처들은 테이커에게 '가져간 만큼 돌려받게' 하려고 한다."

— 『기브앤테이크』

매처는 공정함을 추구한다. 테이커가 가져가기만 하면, 매처는 응징한다. 나쁜 평판을 퍼뜨린다. 협력을 거부한다. 기회를 차단한다. 특히 현대 사회에서 평판은 빠르게 퍼진다. 한 번 '테이커'로 찍히면 회복이 어렵다.

이유 2: 네트워크의 약화

테이커는 관계를 도구로 쓴다. 이용가치가 없으면 버린다. 단기적으로는 효율적이다. 하지만 장기적으로 네트워크가 약해진다. 도움이 필요할 때 도와줄 사람이 없다. '약한 연결'이 끊어진다.

연구에 따르면, 성공에는 '약한 연결weak ties'이 중요하다. 가끔 만나는 지인들. 그들이 새로운 기회를 가져다준다. 테이커는 이 연결을 유지하지 못한다.

이유 3: 신뢰의 붕괴

팀에서 테이커가 발각되면 어떻게 되는가? 팀원들이 방어적이 된다. 정보를 공유하지 않는다. 협력하지 않는다. 팀 전체의 성과가 떨어진다. 결국 테이커 자신도 피해를 입는다.

INSIGHT

테이커 전략이 통하는 것처럼 보일 때가 있다. 하지만 시간 지평을 넓혀라. 5년, 10년 후를 봐라. 테이커는 적을 만들고, 평판을 잃고, 네트워크가 약해진다. 단기 이익이 장기 손실이 된다.

성공하는 기버 vs 실패하는 기버

....

기버도 두 종류가 있다. 바닥에 있는 기버와 꼭대기에 있는 기버. 차이는 무엇인가?

실패하는 기버: 자기 희생적 기버

자신을 돌보지 않는다. 남을 돕다가 자기가 무너진다. 이들의 특징은 이렇다.

- 모든 부탁을 거절하지 못한다
- 자기 일보다 남의 일을 우선한다
- 번아웃에 취약하다
- 테이커에게 이용당한다
- "착한 사람"이지만 "성공한 사람"은 아니다

성공하는 기버: 타자 지향적 기버 Otherish Giver

남도 돕고 자신도 챙긴다. 지속 가능한 방식으로 준다. 이들의 특징은 이렇다.

- 전략적으로 선택해서 돕는다
- 자기 일도 완수한다

- 경계를 설정한다

- 테이커를 식별하고 거리를 둔다

- "착한 사람"이면서 "성공한 사람"이다

"성공하는 기버는 이타적이면서도 야망이 있다. 그들은 다른 사람을 돕는 것과 자신의 목표를 추구하는 것이 양립 가능하다는 것을 안다."

—『기브앤테이크』

핵심 차이가 보이는가? 자기 이익의 위치다.

- 자기 희생적 기버: 자기 이익 0%, 타인 이익 100%

- 성공하는 기버: 자기 이익 100%, 타인 이익 100%

성공하는 기버는 '제로섬'으로 생각하지 않는다. 내가 주면 내가 잃는다? 아니다. 내가 주면 전체 파이가 커진다. 나도 더 받을 수 있다.

성공하는 기버의 전략 1: 선별적으로 주기

....

성공하는 기버는 모든 사람에게 주지 않는다. 그들은 먼저 테이커를 식별하고 거리를 둔다. 테이커에게 주면 손해만 본다. 그들은 갚지 않는다. 더 요구할 뿐이다.

그림 테이커를 어떻게 식별하는가?

- 말과 행동의 불일치: 말로는 팀플레이를 강조하지만, 행동은 자기 이익만 챙긴다.
- 아래를 대하는 방식: 위에는 친절하고, 아래에는 무례하다.
- 공과 책임의 분배: 성공하면 자기 덕, 실패하면 남 탓.
- '나'의 빈도: 대화에서 "나", "내가"가 과도하게 많다.

대신 그들은 기버와 매처에게 집중한다. 기버에게 주면 돌아온다. 그들도 갚으려 한다. 매처에게 주면 갚아진다. 그들은 공정함을 추구한다. 테이커에게 주면 사라진다. 그들은 더 가져갈 뿐이다.

성공하는 기버의 전략 2: 청킹Chunking

....

성공하는 기버는 '언제' 주는지도 전략적이다. 그랜트는 '청킹 Chunking'을 제안한다. 도움을 모아서 한꺼번에 주는 것.

스프링클링 vs 청킹

....

스프링클링Sprinkling은 매일 조금씩 도움을 주는 것을 말한다. 하루에도 여러 번 끊어서 돕는다. 문제가 있다. 계속 중단된다. 자기 일에 집중하기 어렵고 피로해진다. 반면 청킹Chunking은 도움을 모아서 특정 시간에 집중적으로 주는 것을 말한다. 예를 들어, 화요일 오후라는 '도움의 시간'을 정하고 그 시간에 모아서 도움 요청을 처리한다. 나머지 시간은 자기 일에 집중한다. 연구에 따르면, 같은 양의 도움을 줘도 청킹이 더 효과적이다. 도움 주는 사람의 번아웃도 줄고, 만족감도 높아진다.

그랜트는 '100시간 규칙'을 발견했다. 연간 봉사활동 시간과 행복감의 관계를 연구한 결과, 100시간 미만에서는 봉사할수록 행복감이 증가했다. 100~800시간에서는 행복감이 유지되었다. 하지만 800시간 이상일 때는 오히려 행복감이 감소하고 번아웃이 증가했다. 적절한 양이 있다. 너무 적으면 의미가 없고, 너무 많으면 지친다.

도움을 줄 때 시간을 관리하라. 매번 끊기며 도우면 지친다. 특정 시간을 정해서 모아서 도와라. 그리고 한계를 설정하라. 무한정 준다면 번아웃이 온다.

성공하는 기버의 전략 3: 도움 요청하기

....

역설적으로, 성공하는 기버는 도움을 '요청'하는 것도 잘한다. 도움을 요청하면 상대방에게 '기버가 될 기회'를 준다. 상대방도 주고 싶어 한다. 특히 매처는 갚을 기회를 원한다. 벤저민 프랭클린 효과가 있다. 프랭클린은 자신을 싫어하는 정치인에게 책을 빌려달라고 부탁했다. 그 정치인은 책을 빌려줬다. 그 후 태도가 바뀌었다. 프랭클린에게 호의적이 됐다. 왜? 인지부조화 때문이다. "나는 그를 도와줬다. 그러니 나는 그를 좋아해야 한다." 도움을 요청하는 것은 약점을 드러내는 일처럼 보인다. 하지만 역설적으로, 약함이 강점을 가질 때가 있다. 기버가 도움을 요청하면 더 인간적으로 보인다. 완벽한 성인(聖人)이 아니라 동료가 된다. 또한 도움을 요청함으로써 다른 사람들도 기버가 될 기회를 준다. 조직 전체에 기버 문화가 퍼진다.

실전: 네트워킹에서의 기버

....

다시 애덤 리프킨으로 돌아가자. 실리콘밸리 최고의 네트워커. 그의 전략은 단순하다. 5분 안에 할 수 있는 작은 도움을 베풀어라.

- 두 사람을 소개해주기
- 유용한 글이나 정보를 공유하기
- 이력서에 피드백 주기
- 제품에 대한 의견 주기

대가를 기대하지 않는다. 5분이면 된다. 부담이 없다. 이것이 쌓이면 어마어마한 네트워크가 된다. 수천 명에게 작은 도움을 베풀면, 그들 중 일부는 큰 도움으로 돌아온다. 예측할 수 없지만, 통계적으로 확실하다.

약한 연결의 힘

사회학자 마크 그라노베터의 연구가 있다. 사람들은 새 직장을 어떻게 찾는가? 대부분 '약한 연결'을 통해 찾는다. 가까운 친구가 아니라, 가끔 만나는 지인을 통해. 왜? 가까운 친구는 나와 비슷한 정보를 갖고 있다. 하지만 약한 연결은 다른 세계의 정보를 갖고 있다.

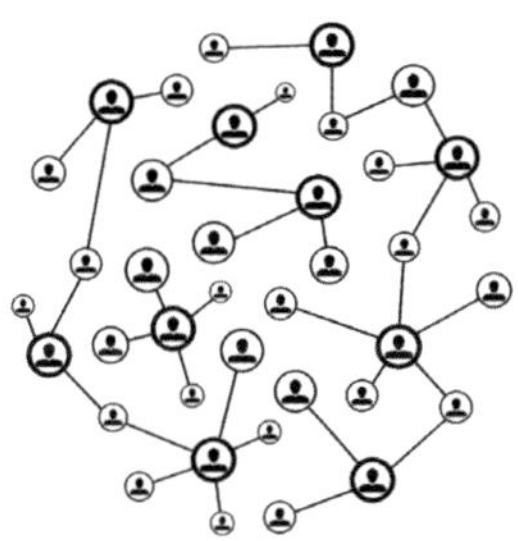

기버는 약한 연결을 유지하는 데 유리하다. 대가 없이 도와주니까, 관계가 부담 없이 유지된다. 테이커는 이용가치가 없으면 버리니까, 약한 연결이 사라진다.

휴면 연결 깨우기

그랜트는 '휴면 연결dormant ties'의 가치를 강조한다. 오래전에 알았지만 연락이 끊긴 사람들. 연구에 따르면, 휴면 연결은 현재 연결만큼이나 가치 있다. 때로는 더 가치 있다. 그들은 당신이 변화한 것을 안다. 신선한 관점을 갖고 있다. 기버에게 휴면 연결은 금광이다. 과거에 도와준 사람들에게 연락하면, 그들은 기꺼이 도와준다.

실전: 협상에서의 기버

....

협상은 제로섬처럼 보인다. 내가 더 가져가면 상대가 덜 가져간다. 기버가 불리할 것 같다. 하지만 그랜트의 연구는 다르다.

관점 취하기 vs 공감

그랜트는 '관점 취하기Perspective-taking'와 '공감Empathy'을 구분한다.

- 공감: 상대의 감정을 느끼는 것.
- 관점 취하기: 상대의 생각과 이해관계를 파악하는 것.

협상에서 공감만 하면 손해 본다. 상대가 원하는 것에 양보하게 된다. 하지만 관점 취하기를 하면 다르다. 상대가 진짜 원하는 것이 무엇인지 파악하고 서로에게 이득이 되는 해결책을 찾는다. 기버는 관점 취하기에 능하다. 상대에게 관심이 있으니까. 그래서 '파이를 키우는' 협상을 한다. 제로섬이 아니라 윈-윈이 가능해진다.

정보 공유의 역설

테이커는 협상에서 정보를 숨긴다. 나의 우선순위, 나의 한계, 나의 대안. 정보가 무기라고 생각한다. 기버는 정보를 공유한다. "사실 저는 이것이 중요해요." "이 부분은 양보할 수 있어요." 역설적으로 정보 공유가 더 좋은 결과를 낳는다. 상대도 정보를 공유하게 된다. 서로의 우선순위를 알면, 서로에게 이득이 되는 거래가 가능하다.

협상에서 기버처럼 행동하라. 상대의 관점을 이해하라. 정보를 적절히 공유하라. 파이를 키워라. 이것이 장기적으로 더 많이 가져가는 방법이다.

실전: 리더십에서의 기버

....

기버 리더는 어떻게 다른가?

섬기는 리더십 Servant Leadership

기버 리더는 팀원을 섬긴다. 자신이 빛나려 하지 않고, 팀원이 빛나게 한다. 기버 리더 아래서 팀원들은 안전하다고 느낀다. 실수해도 비난받지 않는다. 아이디어를 내도 빼앗기지 않는다. 그래서 더 창의적이 되고, 더 열심히 일한다.

심리적 안전감

구글의 연구. 최고 성과를 내는 팀의 특징은 무엇인가? 1위는 심리적 안전감Psychological Safety이었다. 팀원들이 위험을 감수해도 안전하다고 느끼는 것. 질문해도 멍청하게 보이지 않는다. 실수해도 처벌받지 않는다. 기버 리더는 심리적 안전감을 만든다. 테이커 리더는 파괴한다.

공 돌리기

기버 리더는 공을 팀원에게 돌린다. "이건 팀이 한 거야." 테이커 리더는 공을 가져간다. "내 아이디어였어." 단기적으로 테이커가 인정받는 것처럼 보인다. 하지만 장기적으로 팀이 무너진다. 좋은 사람들이 떠난다. 남은 사람들은 최소한만 한다.

리더라면, 기버처럼 행동하라. 팀원을 섬겨라. 공을 돌려라. 심리적 안전감을 만들어라. 당신이 빛나려 하지 말고, 팀이 빛나게 하라. 팀이 빛나면, 결국 당신도 빛난다.

실전: 조직 문화에서의 기버

개인의 스타일만 중요한 게 아니다. 조직 문화가 중요하다.

기버 문화 vs 테이커 문화

기버 문화에서는 모두가 더 많이 준다. 협력이 기본값이다. 정보가 공유된다. 실패가 학습이 된다. 테이커 문화에서는 모두가 방어적이 된다. 경쟁이 기본값이다. 정보가 숨겨진다. 실패가 처벌이 된다. 같은 사람도 문화에 따라 다르게 행동한다. 테이커 문화에서는 기버도 자기 보호에 들어간다.

나쁜 사과 하나

연구에 따르면, 팀에 테이커가 한 명 있으면 전체 분위기가 바뀐다. '나쁜 사과 하나가 상자 전체를 썩게 한다.' 테이커를 빨리 식별하고 제거하는 것이 중요하다. 아니면 최소한 영향력을 제한해야 한다.

기버 문화 만들기

그랜트는 조직에 기버 문화를 만드는 방법을 제안한다.

첫째, 채용에서 테이커를 걸러라

면접만 보지 말고, 이전 직장의 부하 직원이나 동료에게 물어봐라. 위에는 친절하고 아래에는 무례한 사람은 테이커다.

둘째, 기버 행동을 인정하고 보상하라

남을 도운 사람이 인정받아야 한다. 그래야 더 많은 사람이 돕는다.

셋째, 도움 요청을 정상화하라

도움을 요청하는 것이 약함이 아니라, 강점이라는 분위기를 만들어라.

넷째, 리더가 먼저 기버가 되라

리더가 공을 돌리고, 실수를 인정하고, 팀원을 섬기면 문화가 바뀐다.

INSIGHT

조직을 이끈다면, 문화를 봐라. 한 명의 기버보다 기버 문화가 더 강력하다. 테이커를 걸러내고, 기버를 보상하고, 리더가 본보기가 되라.

기버의 번아웃을 막는 법

....

기버의 위험은 번아웃이다. 주다가 지친다. 자신이 바닥난다. 어떻게 막는가?

1. 영향을 확인하라

기버는 자신이 준 도움이 어떤 영향을 미쳤는지 알 때 에너지를 얻는다. 그랜트의 유명한 실험이 있다. 대학 기부금 전화 모금 직원들이 장학금 받은 학생을 직접 만나게 했다. 단 5분 동안 대화했다. "장학금 덕분에 공부할 수 있었어요. 감사해요." 하지만 그 결과 통화 시간이 142% 증가하고 모금액이 171% 증가했다. 자신의 기여가 실제로 누군가를 도왔다는 것을 확인하면, 에너지가 충전된다.

2. 청킹하라

앞서 말했듯, 도움을 모아서 특정 시간에 집중적으로 주고 나머지 시간은 자기 일에 집중한다.

3. 경계를 설정하라

모든 부탁에 "네"라고 하지 마라. "이번 주는 어렵고, 다음 주에 도와드릴게요."라고 말하자. 기버도 "아니오"라고 말할 수 있다. 그것이 지속 가능한 기버가 되는 방법이다.

4. 테이커에게 매처처럼 행동하라

테이커에게는 무한정 주지 마라. 받은 만큼만 줘라. 에너지를 보존하라.

5. 자기도 받아라

도움을 받는 것도 중요하다. 기버라도 자신이 받을 때 충전된다. 도움을 요청하라. 받아라. 그것도 관계의 일부다.

기버로 살려면 지속 가능해야 한다. 자신을 돌봐라. 영향을 확인하라. 경계를 설정하라. 테이커에게는 매처처럼. 무한정 주면 바닥나고, 바닥나면 아무도 못 돕는다.

반론: 이 세상은 테이커가 이기는 곳 아닌가?

....

현실을 보라. 탐욕스러운 CEO가 성공하고, 착한 사람이 손해 보고, 정치는 권모술수의 싸움 아닌가? 그랜트는 인정한다. 테이커가 이기는 것처럼 보이는 경우가 많다. 특히 단기적으로, 특정 환경에서. 하지만 데이터를 보라. 단기적으로 테이커가 앞서 나갈 수 있다. 하지만 장기적으로 평판이 쌓이고, 관계가 누적되면, 기버가 이긴다. 커리어는 마라톤이다. 단거리에서 이기는 전략이 마라톤에서 지는 전략일 수 있다. 테이커가 이기는 환경이 있다. 일회성 거래가 많고, 평판이 안 퍼지고, 장기 관계가 필요 없는 곳. 하지만 대부분의 현대사회 속 직장은 그렇지 않다. 반복 상호작용, 평판의 중요성, 협력의 필요성. 이런 환경에서 기버가 유리하다. 테이커의 성공은 눈에 띈다. 뉴스가 된다. 기버의 성공은 조용하다. 그래서 테이커가 더 많이 성공하는 것처럼 보인다. 하지만 데이터를 보면 다르다. 꼭대기엔 기버가 더 많다.

제로섬이 아니다 : 그랜트의 기버 vs 테이커 판독술

....

기버가 되라. 하지만 현명한 기버가 되라. 주는 것과 받는 것이 양립 가능하다는 것을 기억하라. 파이를 키우면 모두가 더 많이 가질 수 있다. 착한 사람이 손해 본다는 말은 반만 맞다. 착하기만 한 사람은 손해 본다. 하지만 착하고 현명한 사람은 결국 이긴다. 당신은 어떤 기버가 될 것인가?

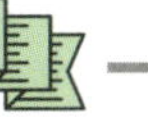

- 『기브앤테이크』 기버/테이커/매처 이론의 원전　　　　난이도 ★★☆☆☆
- 『오리지널스』 창의성과 비순응에 대한 연구　　　　　난이도 ★★☆☆☆
- 『싱크 어게인』 생각을 바꾸는 능력에 대해　　　　　　난이도 ★★☆☆☆

솔로몬 애쉬의 동조 실험

다수가 틀려도 따라가는 이유

Solomon Asch

자신의 눈을 믿을 것인가, 다수를 믿을 것인가? 솔로몬 애쉬의 실험은 충격적인 결과를 보여줬다. 75%의 사람들이 적어도 한 번은 다수를 따라 틀린 답을 말했다. 명백히 보이는 것조차 부정했다. 왜? 인간은 사회적 동물이다. 혼자 옳은 것보다 함께 틀리는 것이 더 편하다. 이것은 약함이 아니다. 생존 본능이다. 하지만 인식하지 못하면 위험해진다. 애쉬의 심리학을 안다는 것은 '동조 실험'을 외우는 게 아니다. 애쉬처럼 사회적인 압력을 인식하는 것이다.

일곱 명이 모두 틀렸다

....

1951년, 스와스모어 대학 심리학 실험실. 한 대학생이 실험에 참여하러 왔다. "시각 판단 연구"라고 들었다. 실험실에 들어가니 일곱 명이 먼저 앉아 있었다. 그는 여덟 번째였다. 실험자가 카드 두 장을 보여줬다. 왼쪽 카드에는 선 하나. 오른쪽 카드에는 선 세 개. 질문은 단순했다.

"오른쪽 세 선 중, 왼쪽 선과 길이가 같은 것은?"

너무 쉬웠다. 선 B는 확실히 짧고, 선 A가 똑같고, 선 C는 길었다. 유치원생도 맞출 수 있다. 실험자가 물을 필요도 없이 명백했다. 첫 번째 사람이 말했다. "B입니다." 그는 의아했다. 잘못 본 건가? 두 번째 사람. "B입니다." 세 번째 사람. "B입니다." 네 번째, 다섯 번째, 여섯 번째, 일곱 번째. 모두 "B". 그의 차례가 왔다. 그는 다시 카드를 봤다. A가 맞다. 확실히 A다. 하지만 일곱 명 전부가 B라고 했다. 그의 심장이 빨리 뛰었다. 손에 땀이 났다. 얼굴이 붉어졌다. 그가 입을 열었다. "B입니다." 그는 자신의 눈을 부정했다.

사실, 앞의 일곱 명은 진짜 참가자가 아니었다. 실험자가 심어둔 '협력자confederate'였다. 그들은 지시받은 대로 일부러 틀린 답을 말했다. 진짜 참가자는 그 한 명뿐이었다. 그가 어떻게 반응하는지가 실험의 목적이었다.

애쉬, 동조를 측정하다

·········

솔로몬 애쉬는 폴란드 태생의 미국 사회심리학자다. 나치 독일의 부상을 목격하며 미국으로 이민 왔다. 수백만 명이 어떻게 명백한 악에 동조했는지, 그것이 그의 평생 질문이 됐다.

"전체주의의 부상은 개인이 집단 압력에 얼마나 취약한지를 보여줬다. 나는 이것을 실험실에서 연구하고 싶었다."

— 솔로몬 애쉬

애쉬는 가설을 세웠다. 명백한 사실 앞에서는 사람들이 동조하지 않을 것이다. 모호한 상황에서는 타인의 의견을 참고할 수 있다.

하지만 답이 분명할 때? 자신의 눈을 믿을 것이다. 그는 틀렸다. 그는 다음과 같은 실험을 설계했다. 참가자 한 명 + 협력자 7명이 18번의 '선' 비교 과제를 수행한다. 이때 12번은 협력자들이 만장일치로 틀린 답을 말하게 하고 참가자가 어떻게 반응하는지 관찰했다. 결과는 어땠을까? 75%의 참가자가 적어도 한 번은 다수를 따라 틀린 답을 말했다. 전체 시행에서 약 37%가 동조 반응을 보였다. 단, 25%는 단 한 번도 동조하지 않았다.

> "결과는 나를 놀라게 했다. 지적이고 선의를 가진 젊은이들이,
> 자신의 눈앞에 보이는 깃조차 부정힐 준비가 되이 있었다."
>
> — 『Social Psychology』

왜 동조하는가: 두 가지 영향력

....

애쉬의 실험 후, 심리학자들은 동조의 원인을 분석했다. 크게 두 가지로 나뉜다.

1. 정보적 영향력Informational Influence

다른 사람들이 옳을 수도 있다고 생각하는 것. "일곱 명이 모두 B라고 했어. 내가 뭔가 잘못 봤나? 그들이 아는 게 있나?" 불확실한 상황에서 타인을 정보 원천으로 삼는 것이다. 합리적인 전략이다. 혼

자 판단하는 것보다 집단 지성을 활용하는 것이 대체로 낫다. 하지만 애쉬 실험에서 답은 명백했다. 불확실성이 없었다. 그럼에도 동조가 일어났다.

2. 규범적 영향력Normative Influence

집단에서 배제되고 싶지 않은 것. "내가 혼자 다른 답을 말하면 어떻게 될까? 이상한 사람으로 보이지 않을까? 배척당하지 않을까?" 옳고 그름과 상관없이, 소속되고 싶은 욕구. 거부당하는 것에 대한 두려움. 애쉬 실험에서는 규범적 영향력이 더 강했다. 참가자들은 자신이 맞다는 것을 알았다. 하지만 혼자 다르게 말하는 것이 두려웠다.

"참가자들 중 상당수는 자신의 판단이 옳다고 확신했다. 하지만 그들은 집단에서 튀는 것, 다르게 보이는 것을 견디지 못했다."

— 솔로몬 애쉬

애쉬는 실험 후 참가자들을 인터뷰했다. 동조한 이유를 물었다. 일부는 진짜로 자신이 틀렸다고 생각했다(정보적). "다들 그렇게 말하니까, 내가 뭔가 잘못 봤나 싶었어요." 하지만 대부분은 자신이 맞다고 알면서 동조했다(규범적). "제가 맞다고 생각했어요. 하지만 혼자 다르게 말하기가... 이상하잖아요."

동조를 강화하는 조건들

....

애쉬와 후속 연구자들은 동조가 강해지는 조건을 탐구했다.

조건 1: 만장일치

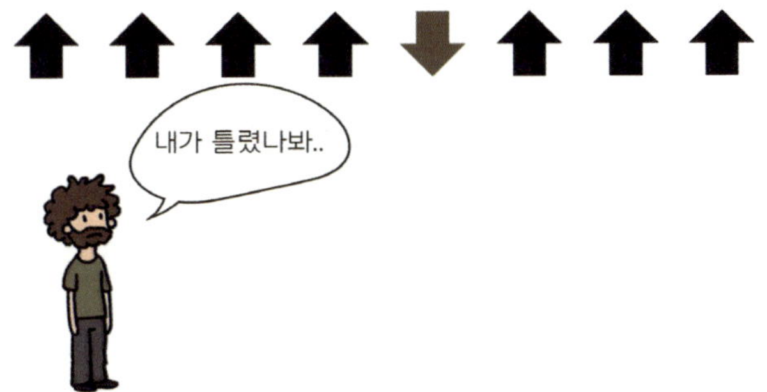

가장 강력한 요인이다. 일곱 명 '전부'가 같은 답을 말할 때 동조가 강하다. 하지만 한 명이라도 다르게 말하면? 동조가 급격히 줄어든다. 애쉬는 변형 실험을 진행했다. 이번엔 협력자 중 한 명이 정답을 말하게 했다. 참가자의 동조율이 75%에서 5-10%로 떨어졌다. 혼자가 아니라는 것. 단 한 명의 동맹이 있다는 것. 그것만으로 저항이 가능해진다. 만장일치가 깨지면 마법이 풀린다. 한 명의 반대자가 있으면, 참가자는 자신의 판단을 믿을 용기를 얻는다.

조건 2: 집단 크기

집단이 클수록 동조가 강한가? 어느 정도까지는 그렇다.

- 1명: 동조 거의 없음
- 2명: 약간의 동조
- 3명: 상당한 동조
- 4명 이상: 더 늘어나도 동조율 비슷

3-4명이 임계점이다. 그 이상은 큰 차이가 없다.

조건 3: 익명성

남들이 자신의 답을 모르면 동조가 줄어든다. 애쉬는 다시 변형

실험을 진행했다. 참가자가 답을 종이에 쓰게 했다. 말로 하지 않고. 동조율이 급격히 떨어졌다. 규범적 영향력이 줄었기 때문이다. "튀어 보일" 일이 없으니까.

조건 4: 자신감과 전문성

자신의 판단에 자신 있는 사람은 덜 동조한다. 해당 분야에 전문성이 있으면 덜 동조한다. 반대로, 불확실하거나 자신 없으면 더 동조한다. "나는 잘 모르니까, 다들 그렇게 말하면 그런가 보다."

조건 5: 문화

집단주의 문화(동아시아 등)에서 동조가 더 강하다는 연구가 있다. 개인주의 문화(미국 등)에서 상대적으로 약하다. 하지만 차이가 크지는 않다. 모든 문화에서 동조는 일어난다. 인간 보편의 현상이다.

INSIGHT

동조에 저항하고 싶다면, 조건을 활용하라. 익명으로 의견을 제시하라. 동맹을 찾아라. 한 명이라도 같은 생각이면 힘이 된다. 그리고 전문성을 키워라. 확신이 있으면 흔들리지 않는다.

동조의 진화적 기원

....

왜 인간은 동조하도록 설계됐는가? 진화심리학적 설명이 있다. 바로 생존 전략으로서의 동조다. 원시 환경에서 혼자 다르게 행동하는 것은 위험했다. 무리가 오른쪽으로 도망가는데 혼자 왼쪽으로 가면? 포식자에게 잡힌다.

무리가 어떤 열매를 안 먹는데 혼자 먹으면? 독에 당한다. 무리에서 배척당하면? 혼자 살아남기 어렵다. 다수를 따르는 것은 대부분의 경우 안전한 선택이었다. 집단 지혜를 활용하는 것. 그래서 동조 본능이 진화했다. 치알디니도 말했듯 동조는 결함이 아니라 적응이다. 대부분의 상황에서 다수를 따르는 것은 합리적이다. 문제는 그것이 자동으로 작동한다는 것이다.

문제: 현대 환경

....

원시 환경에서는 다수가 대체로 옳았다. 집단 지혜는 신뢰할 만했다. 하지만 현대 환경은 다르다. 여론이 조작될 수 있다. 가짜 뉴스가 퍼진다. 마케팅이 '다수의 선택'을 연출한다. 다수가 틀릴 확률이 높아졌다. 동조 본능은 여전히 작동한다. 하지만 환경이 바뀌었다. 적응적이었던 것이 때로 해로워졌다.

뇌과학: 동조할 때 뇌에서 일어나는 일

....

최근 신경과학 연구는 동조의 뇌 메커니즘을 밝혔다. 그레고리 번스의 fMRI 연구가 있다. 2005년, 에모리 대학교. 그는 애쉬 실험을 fMRI로 재현했다. 참가자가 다수와 다른 의견을 가질 때 뇌에서 무슨 일이 일어나는가?

발견 1: 지각 자체가 바뀐다

동조할 때, 시각 피질의 활동이 변했다. 단순히 "다르게 말하는" 게 아니었다. 진짜로 다르게 "보는" 것일 수 있다. 다수의 의견이 지각 자체를 바꿀 수 있다. 충격적인 발견이다.

발견 2: 독립적 의견은 고통스럽다

참가자가 다수와 다른 답을 말할 때, 편도체와 전측대상회anterior cingulate가 활성화됐다. 이 영역들은 정서적 고통, 사회적 배제의 고통과 관련 있다. 혼자 다르게 말하는 것은 문자 그대로 고통스럽다. 뇌가 경고 신호를 보낸다. "위험해! 무리에서 튈 수 있어!" 동조하지 않는 것은 의지력만의 문제가 아니다. 그것은 실제 신경학적 고통을 수반한다.

다수와 다른 의견을 말할 때 불편한 것은 자연스럽다. 뇌가 그렇게 설계됐다. 하지만 불편함이 "틀렸다"는 신호는 아니다. 불편함을 인식하고, 그럼에도 말할 용기를 가져라.

실전: 직장에서의 동조

직장은 동조 압력이 조장되기에 매우 적합한 환경이다.

회의실의 침묵

회의. 상사가 아이디어를 제안한다. "이 방향으로 가면 어떨까요?" 당신은 문제가 보인다. 하지만 주변을 본다. 아무도 반대하지 않는다. 다들 고개를 끄덕인다. 당신도 고개를 끄덕인다. 회의가 끝나고 복도에서 동료가 말한다. "그거 별로인 것 같지 않아?" 당신이 답한다. "나도 그렇게 생각했어." 왜 회의실에서는 말 못 했는가?

집단사고 Groupthink

심리학자 어빙 재니스가 명명한 현상이다. 집단의 화합을 위해 비판적 사고가 억제되는 것. 역사적 재앙들이 집단사고에서 비롯됐다. 피그스만 침공, 챌린저호 폭발, 금융 위기. 누군가는 문제를 알았다. 하지만 말하지 않았다. 다수가 동의하는 것처럼 보였으니까.

동조 문화의 비용

동조가 강한 조직은 혁신이 적고, 실수가 은폐되고, 좋은 아이디어가 죽고, 나쁜 결정이 방치된다. 어떻게 막을 수 있는가? 몇 가지 방법이 있다.

- 익명 의견 수렴: 회의 전에 익명으로 의견을 모아라. 공개 토론 전에.

- 악마의 대변인: 누군가에게 공식적으로 반대 역할을 부여하라. "네 역할은 문제점을 찾는 거야."

- 리더가 나중에 말하기: 리더가 먼저 의견을 말하면 동조가 강해진다. 리더는 마지막에 말하라.

- 심리적 안전감 만들기: 반대 의견을 말해도 안전하다는 문화. 이것은 구글이 발견한 최고 팀의 비결로 유명하다.

당신이 리더라면, 동조를 경계하라. 모두가 동의하면 의심하라. 반대 의견을 환영하라. 당신이 구성원이라면, 용기를 내라. 불편해도 말하라. 당신의 침묵이 재앙을 허락할 수 있다.

실전: 일상에서의 동조

....

동조는 직장만의 문제가 아니다. 일상 곳곳에 있다. 먼저 소비다. 왜 유행하는 것을 사는가? 모두가 사니까. 인스타에서 다들 가니까 그 카페에 간다. 다들 사니까 그 브랜드를 산다. "베스트셀러", "인기 상품", "100만 명이 선택한". 모두 동조를 유발하는 마케팅이다. 다음은 의견. 정치적 견해, 사회적 이슈. 주변 사람들의 의견에 동조한다. 소셜 미디어에서 특히 강하다. 내 피드에 있는 사람들이 모두 같은 의견을 말한다. 나도 그렇게 생각하게 된다. 행동도 마찬가지다. 남들이 쓰레기를 버리면 나도 버린다. 남들이 줄을 서면 나도 선다. 남들이 기부하면 나도 한다. 치알디니의 '사회적 증거'와 같은 원리다. 다수의 행동이 나의 행동을 결정한다.

건강한 동조 vs 해로운 동조

....

동조가 항상 나쁜 것은 아니다.

- 건강한 동조: 남들이 에스컬레이터 오른쪽에 서니까 나도 선다. 효율적이다.
- 해로운 동조: 남들이 괴롭힘을 방관하니까 나도 방관한다. 비윤리적이다.

핵심은 자각이다. "나는 왜 이렇게 하는가? 정말 내 판단인가, 아니면 동조인가?"

INSIGHT

오늘 당신이 한 결정 중 몇 개가 "남들이 그러니까"였는가? 그것이 합리적일 때도 있다. 하지만 자각하라. 무의식적 동조와 의식적 선택은 다르다.

긍정적 동조: 좋은 방향으로 따라가기

....

동조의 힘을 좋은 방향으로 쓸 수도 있다.

규범 넛지

행동경제학자들은 발견했다. 사람들에게 "다수가 이렇게 한다"고 알려주면 따라간다. 호텔 타월 재사용을 원한다면, "환경을 보호합시다"보다 "이 호텔 투숙객의 75%가 타월을 재사용합니다"가 더 효과적이다. 세금 납부에 있어서도 "대부분의 시민이 제때 납부합니다"라고 알려주면 납부율이 올라간다. 공익을 위한 동조 유도가 가능하다. 선한 방향으로 동조를 유도할 수 있다.

"대부분의 학생이 음주 운전을 하지 않습니다"
"우리 동네 대부분의 가정이 재활용합니다"
"이 회사 대부분의 직원이 정시에 퇴근합니다"

다수가 좋은 행동을 한다고 알려주면, 더 많은 사람이 따라간다.

비동조의 용기: 소수의 영향력

....

애쉬 실험은 동조의 힘을 보여줬다. 하지만 반대 연구도 있다. 소수가 다수를 바꿀 수 있다. 모스코비치는 소수 영향력을 확인하기 위해 실험을 진행했다. 참가자 6명 중 2명이 협력자. 협력자들이 일관되게 틀린 답을 말했다. 다수(4명)가 소수(2명)를 따를 것인가? 약 8%의 시행에서 다수가 소수를 따랐다. 8%는 적어 보인다. 하지만 중요한 발견이 있다. 소수가 '일관되게' 말할 때만 영향력이 생겼다. 흔들리지 않고, 확신에 차서 말할 때. 일관성이 핵심이다. 흔들리지 않는 확신, 반복되는 메시지. 그것이 변화를 만든다. 역사를 바꾼 것은 종종 소수였다. 처음에 모두가 비웃었다. 하지만 그들은 일관되게 말했다. 흔들리지 않았다. 결국 다수가 바뀌었다. 지동설, 여성 참정권, 인권 운동. 모두 소수에서 시작해 다수가 됐다.

당신이 소수의 의견을 가지고 있다면, 포기하지 마라. 일관되게 말하라. 흔들리지 마라. 즉시 바뀌지 않아도, 씨앗이 뿌려진다. 시간이 지나면 다수가 바뀔 수 있다.

불편함의 의미 : 애쉬의 동조 압력 감지술

·········

애쉬는 말했다.

"사회에서의 삶은 합의를 필수 조건으로 요구한다. 하지만 합의가 생산적이기 위해서는, 각 개인이 자신의 경험과 통찰에서 독립적으로 기여해야 한다."

— 솔로몬 애쉬

내일, 당신은 동조의 순간을 만난다. 회의에서 모두가 고개를 끄덕인다. 당신만 의문이 있다. 온라인에서 모두가 같은 말을 한다. 당신만 불편하다. 그때 기억하라. 애쉬 실험의 75%를. 다수가 틀릴 수 있다. 만장일치가 가짜일 수 있다. 모두가 속으로는 다르게 생각하면서 입을 다물고 있을 수 있다. 당신이 먼저 말하면 어떻게 되는가? 다른 사람들도 용기를 얻는다. 만장일치가 깨지면 마법이 풀린다. 물론 쉽지 않다. 뇌가 경고 신호를 보낸다. 불편하다. 두렵다. 하지만 그 불편함이 "틀렸다"는 신호는 아니다. "용기가 필요하다"는 신호다. 명백한 선 앞에서 자신의 눈을 부정하지 마라. 세 개의 선 중 어느 것이 정답인지, 당신은 안다. 일곱 명이 뭐라고 하든. 그것이 애쉬가 우리에게 남긴 교훈이다.

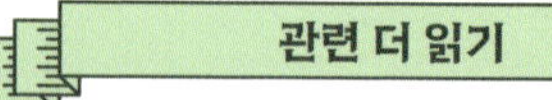

• 『아이코노클라스트』 그레고리 번스 — 동조와 비동조의 신경과학　　　난이도 ★★☆☆☆

Solomon
Asch

골먼의 감성지능

IQ보다 EQ가 성공을 결정한다

06

Daniel Goleman

천재는 왜 실패하는가? IQ 160의 사람이 왜 해고당하는가? 학교 수석이 왜 인생에서는 평범한가? 대니얼 골먼은 답을 찾았다. IQ는 성공의 약 10-20%를 설명한다. 나머지에는 가정환경, 사회적 지위, 운, 감성지능 등 다양한 요소가 포함된다. 당신의 성공은 머리가 아니라 마음에 달렸다.

하버드 수석의 몰락

....

1960년대, 하버드 대학교. 그는 학부 수석이었다. 누구나 인정하는 천재. 교수들이 탄복했다. "이런 학생은 처음이다." 대학원에 진학했다. 역시 최고였다. 논문은 완벽했다. 그런데 이상한 일이 벌어졌다. 교수가 되지 못했다. 왜? 동료들이 그와 일하기를 거부했다. 그는 오만했다. 남의 말을 듣지 않았다. 비판을 못 견뎠다. 자기가 틀렸다는 것을 인정하지 못했다. 회의에서 폭발했다. 관계가 파탄났다. 그는 결국 학계를 떠났다. 천재는 실패했다.

반대 사례가 있다. 같은 시기, 다른 학생이 있었다. 성적은 중간이었다. 특별히 눈에 띄지 않았다. 하지만 사람들이 그를 좋아했다. 경청할 줄 알았다. 갈등을 중재하고 팀을 이끌었다. 압박 속에서도 침착했다. 그는 대기업 CEO가 되어 수천 명을 이끌었다. "평범한" 학생이 성공했다.

두 사람의 차이는 무엇인가? IQ는 첫 번째 사람이 더 높았다. 지식도 첫 번째 사람이 더 많았다. 차이는 다른 종류의 지능이었다. 대니얼 골먼이 '감성지능'이라고 부른 것.

감성지능이란 무엇인가

....

골먼은 감성지능을 다섯 가지 요소로 정의한다.

1. 자기인식Self-Awareness

자신의 감정을 아는 것. 지금 내가 무엇을 느끼는지, 왜 느끼는지 아는 것. 자기인식은 감성지능의 초석이다. 자신의 감정을 모르면 그것을 관리할 수도 없다. 자기인식이 높은 사람은 자신의 강점과 약점을 안다. 자신의 가치관을 알고, 감정이 판단에 어떤 영향을 미치는지 안다. 반면 자기인식이 낮은 사람은 자신의 감정에 휩쓸린다. 왜 화가 나는지, 왜 불안한지 모른다. 감정의 노예가 된다.

2. 자기조절Self-Regulation

감정을 관리하고 충동을 통제하는 것. 자기조절은 감정을 억압하는 것이 아니다. 적절하게 표현하는 것이다. 자기조절이 높은 사람은 압박 속에서도 침착하다. 실패에 좌절하지 않고, 충동적 결정을 피하며, 분노를 폭발시키지 않는다. 반면 자기조절이 낮은 사람

은 감정에 즉각 반응한다. 화나면 폭발하고, 좌절하면 포기하고, 유
혹에 넘어가고, 후회할 말을 내뱉는다.

3. 동기부여 Motivation

목표를 향해 자신을 추동하는 것. 단, 외부 보상이 아니라 내면의
열정으로. 동기부여가 높은 사람은 성취 자체에서 만족을 느낀다.
좌절에도 지속하며, 장기 목표를 위해 단기 만족을 미룬다. 반면 동
기부여가 낮은 사람은 외부 보상에만 반응한다. 어려우면 포기하고,
쉬운 길을 찾는다.

4. 공감 Empathy

타인의 감정을 읽고, 그들의 관점에서 보는 것. 공감이 높은 사람
은 상대의 기분을 안다. 말하지 않아도 비언어적 신호를 읽고, 상대
가 필요로 하는 것을 파악한다. 반면 공감이 낮은 사람은 상대의 감
정에 둔감하다. 분위기를 못 읽고, 부적절한 말을 하고, 관계에서 마
찰이 잦다.

5. 사회적 기술 Social Skills

관계를 다루고, 영향력을 행사하고, 협력을 이끌어내는 것. 사회
적 기술이 높은 사람은 사람들을 움직인다. 갈등을 해결하고, 팀을
만들고, 네트워크를 구축한다. 반면 사회적 기술이 낮은 사람은 협

력이 어렵다. 갈등을 악화시키고, 결국 고립된다.

다섯 가지 중 당신의 강점과 약점은 무엇인가? 자기인식? 자기조절? 동기? 공감? 사회적 기술? 가장 약한 영역이 당신의 병목이다. 그것을 개선하면 전체가 올라간다.

IQ vs EQ: 무엇이 성공을 결정하는가

....

골먼은 IQ의 한계를 지적한다. IQ는 학업 성취를 예측한다. 시험 점수, 학점. 하지만 인생의 성공은 다른 문제다. 연구에 따르면, IQ와 직업적 성공의 상관관계는 생각보다 낮다. 특히 일정 수준 이상에서는.

"높은 IQ는 부, 명성, 행복을 보장하지 않는다 …"

— 『감성지능』

학교에서 최고였던 사람이 인생에서 최고가 아니었다. 학교에서 평범했던 사람이 인생에서 빛났다. 왜? 학교는 IQ를 측정한다. 인생은 EQ를 요구한다.

벨 랩 연구

AT&T의 벨 연구소. 최고의 엔지니어들이 모인 곳이다. IQ로는 구분이 안 될 정도로 모두 천재였다. 그런데 성과에는 차이가 있었다. 어떤 엔지니어는 스타가 됐고, 어떤 엔지니어는 평범하게 남았다. 차이는 무엇이었나? '감성적 역량'이었다. 스타 엔지니어들에게는 공통점이 있었다. 네트워크를 구축했다. 도움이 필요할 때 바로 연락할 사람이 있었다. 협력을 잘했다. 혼자가 아니라 팀으로 일했다. 관점 취하기를 잘했다. 상대방 입장에서 볼 줄 알았다. 자기 동기부여가 강했다. 시키지 않아도 스스로 추진했다. 기술적 능력은 비슷했나. 감성적 능력이 성과를 길렀다.

당신의 분야에서 최고가 되고 싶다면, 기술만 갈고닦지 마라. 관계를 구축하라. 협력하라. 사람들의 마음을 읽어라. 기술은 진입 조건이고, EQ가 성공 조건이다.

감정의 납치: 왜 우리는 이성을 잃는가

....

골먼은 '감정 납치Emotional Hijacking' 또는 '편도체 납치Amygdala Hijack'라는 개념을 대중화했다. 뇌에서 감정을 처리하는 편도체amygdala가 있다. 위협을 감지하면 즉각 반응한다. 이러한 공포 반응은 원시시대부터 인간이 생존을 위해 갖고 있는 비상경보 시스템이다. 갑자기

호랑이를 만났다면, 우리의 뇌는 비상경보 시스템을 작동시켜 호랑이와 싸울 것인지 아니면 도망갈 것인지 순간 결정해야 하는 투쟁-도피 반응fight or flight response을 한다. 이 반응은 빠르다. 전전두피질의 통제보다 먼저 반응한다. 위험 상황에서 생존에 유리하다. 생각하기 전에 몸이 먼저 반응해야 하니까. 문제는 현대 사회에서 이 반응이 부적절하게 작동한다는 것이다. 상사가 비판할 때 편도체가 "위협!"이라고 인식한다. 심장이 뛰고, 얼굴이 붉어지고, 이성이 흐려진다. 이성이 작동하기 전에 감정이 반응한다. 결과? 후회할 말을 한다. 후회할 행동을 한다. 관계가 망가지거나 커리어가 위험해진다. 이렇듯 편도체 납치의 특징은 나중에 '왜 그랬지?'라고 생각하는 것이다. 그 순간에는 이성이 작동하지 않는다.

예방과 회복

감성지능이 높은 사람은 납치를 예방하거나 빨리 회복한다.

- 인식: "지금 내가 감정적으로 반응하고 있구나."
- 멈춤: 반응하기 전에 잠깐 멈춘다. 심호흡.
- 재평가: "이것이 정말 위협인가? 다른 해석은 없나?"
- 선택: 자동 반응 대신 의식적 반응을 선택한다.

핵심은 6초다. 편도체의 반응이 전전두피질에 전달되는 데 약 6

초가 걸린다. 그 6초를 버티면 이성이 돌아온다. 6초만 참으면 된다.

다음에 감정이 폭발하려 할 때, 6초를 세라. 반응하기 전에 멈춰라. "내가 지금 납치 당하고 있는가?" 그 인식만으로 이성이 돌아온다. 자동 반응을 의식적 선택으로 바꿔라.

실전: 리더십에서의 감성지능

골먼은 리더십에서 감성지능의 중요성을 강조한다.

EQ가 리더를 만든다

리더의 성과를 결정하는 요인을 연구했다. IQ, 기술적 역량, EQ 중 무엇이 가장 중요한가? 결과는 놀라웠다. 리더십 역량의 약 67% 가 감성지능에 기반했다. IQ와 기술적 역량은 훨씬 낮았다. 직급이 올라갈수록 EQ의 중요성이 커진다. 실무자는 기술이 중요하다. 하지만 리더는 사람을 다뤄야 한다. 사람을 다루려면 EQ가 필요하다.

"리더의 근본적 과업은 이끄는 사람들에게 좋은 감정을 불러일으키는 것이다. 근본적으로 리더십의 핵심 과업은 감정적인 것이다."

— 『감성 리더십』

리더의 감정 전염

리더의 감정은 팀에 전염된다. 리더가 불안하면 팀이 불안해진다. 리더가 낙관적이면 팀도 낙관적이 된다. 연구에 따르면 리더의 기분이 팀의 분위기를 결정하고, 팀의 분위기가 성과를 결정한다. 좋은 리더는 자신의 감정을 관리한다. 부정적 감정을 팀에 전염시키지 않는다. 긍정적 에너지를 퍼뜨린다. 이것은 가식이 아니다. 감성지능이다. 자신의 감정을 인식하고, 조절하고, 적절히 표현하는 것.

6가지 리더십 스타일

....

골먼은 감성지능에 기반한 6가지 리더십 스타일을 제시한다. 비전형 리더는 비전을 제시하고 영감을 준다. 코칭형 리더는 개인의 성장을 돕는다. 관계형 리더는 조화와 유대를 만든다. 민주형 리더는 참여와 합의를 이끈다. 이 네 가지는 대체로 긍정적인 효과를 낸다. 반면 선도형 리더는 높은 기준을 요구하고, 지시형 리더는 즉각적 복종을 요구한다. 이 두 가지는 상황에 따라 효과가 다르다. 위기 상황에서는 필요하지만, 일상에서는 역효과를 낼 수 있다. 효과적인 리더는 한 가지 스타일에 고정되지 않는다. 상황에 따라 스타일을 바꾼다. 이것이 감성지능이 높은 리더십이다.

실전: 직장에서의 감성지능

직장에서 EQ가 어떻게 작용하는가? 많은 기업이 IQ나 기술뿐 아니라 EQ를 평가한다. 면접에서 묻는다. "갈등 상황에서 어떻게 대처했나요?" "실패했을 때 어떻게 반응했나요?" "어려운 동료와 어떻게 일했나요?" 기술은 가르칠 수 있다. 하지만 EQ가 낮은 사람은 팀을 망친다. 채용 실수의 비용이 크다. 왜 어떤 사람은 승진하고, 어떤 사람은 정체하는가에 대한 답도 여기 있다. 실무 능력은 비슷하다. 차이는 EQ다. 승진하는 사람은 상사의 기대를 읽고, 동료와 협력하고, 갈등을 해결하고, 압박 속에서 침착하고, 팀을 이끈다. 반면 정체하는 사람은 자기 일만 하고, 관계에 투자하지 않고, 감정을 관리하지 못하고, 피드백에 방어적이다. 특히 피드백 관련해서 차이가 크다. EQ가 낮은 사람은 피드백을 위협으로 느낀다. 방어하고, 변명하고, 공격한다. 결과: 더 이상 피드백을 받지 못한다. 성장이 멈춘다. 반면 EQ가 높은 사람은 피드백을 선물로 본다. 경청하고, 감사하고, 반영한다. 결과적으로 더 많은 피드백을 받고 계속 성장한다.

실전: 관계에서의 감성지능

....

연애와 결혼에서도 EQ가 결정적이다. 심리학자 존 가트먼은 수천 쌍의 부부를 연구했다. 15분만 대화를 관찰해도 이혼 여부를 90% 이상 예측할 수 있었다. 비결은 감정 표현 방식이었다.

이혼하는 부부에게는 네 가지 패턴이 있었다.

- 비난Criticism: **"넌 항상 그래"**
- 경멸Contempt: 눈 굴리기, 조롱
- 방어Defensiveness: **변명, 반격**
- 담쌓기Stonewalling: 무시, 침묵

이 네 가지가 나타나면 관계는 위험하다. 반면 성공하는 부부는 달랐다. 갈등을 시작할 때 부드럽게 시작했다. 긍정적 상호작용이 부정적 상호작용보다 5배 이상 많았다. 갈등 중에도 유머와 애정을 유지했다. 상대의 영향을 받아들였다. 관계에서 가장 중요한 EQ 요소는 공감이다. 상대가 힘들어할 때, 무엇이 필요한가? EQ가 낮은 반응은 이렇다. "그건 네 잘못이야." "왜 그렇게 예민해?" "내가 해결해줄게." EQ가 높은 반응은 이렇다. "힘들었겠다." "그래서 어떤 기분이야?" "내가 뭘 해주면 좋을까?" 대부분의 경우, 상대는 해결책을 원하지 않는다. 이해받고 싶을 뿐이다. 공감이 해결책보다 강력하다.

파트너가 힘들어할 때, 조언을 멈춰라. 해결하려 하지 마라. 먼저 공감하라. "그랬구나. 힘들었겠다." 그것만으로 관계가 달라신나.

감성지능은 배울 수 있는가?

....

IQ는 대체로 고정적이다. 성인이 되면 크게 변하지 않는다. 하지만 EQ는 다르다. 배울 수 있다. 개발할 수 있다. 나이가 들어도.

"우리의 유전적 유산은 각자에게 일련의 감정적 기준점을 부여하지만…관련된 뇌 회로는 놀라울 정도로 가소성이 높습니다. 기질이 운명이 아닙니다"

— 『감성지능』

감성지능은 타고난 성격으로만 결정되지 않는다. 감정 인식, 자기조절, 공감 같은 능력은 경험과 훈련을 통해 발전한다. 지식은 이해로 끝날 수 있지만, 감성지능은 습관이 바뀌는 과정이다. 시간을 두고 훈련할수록 성장한다.

실전 개발법

....

1. 자기인식 개발

감정 일기를 써라. 매일 "오늘 무슨 감정을 느꼈고, 왜?" 마음챙김을 연습하라. 현재 순간의 감정을 관찰하라. 피드백을 구하라. 타인의 눈에 당신이 어떻게 보이는지.

2. 자기조절 개발

트리거를 파악하라. 무엇이 당신을 폭발하게 하는가? 대안 반응을 연습하라. 화가 나면 어떻게 할지 미리 정하라. 스트레스 관리를 하라. 운동, 수면, 명상.

3. 공감 개발

적극적 경청을 연습하라. 말하지 말고 들어라. 관점 취하기를 연습하라. "저 사람 입장에서는 어떨까?" 비언어적 신호에 주의하라. 표정, 몸짓, 목소리 톤.

4. 사회적 기술 개발

네트워킹을 의식적으로 하라. 갈등 해결 기술을 배워라. 피드백을 주고받는 연습을 하라.

EQ는 근육과 같다. 운동하면 커진다. 안 하면 약해진다. 매일 작은 연습을 하라. 감정 일기, 경청, 공감 표현. 1년 후 당신은 달라져 있을 것이다.

비판: 감성지능의 한계

....

골먼의 개념은 대중적 성공을 거뒀지만, 학계에서는 비판도 있다.

첫째, 정의가 모호하다

감성지능이 너무 많은 것을 포함한다. 자기조절, 동기부여, 사회적 기술. 이것이 하나의 '지능'인가, 아니면 여러 가지 다른 능력의 묶음인가? 비판자들은 지적한다. "EQ가 성격, 동기, 사회적 기술을 다 포함하면, 결국 'IQ가 아닌 모든 것' 아닌가?"

둘째, 측정이 어렵다

IQ는 표준화된 테스트가 있다. EQ는? EQ 테스트들이 있지만, 자기보고식이 많다. 문제는 EQ가 낮은 사람이 자기 EQ를 정확히 평가하지 못한다는 것이다. 오히려 높게 보고할 수 있다.

비판에도 불구하고, 골먼의 기여는 부정할 수 없다. 그 전까지 "지능 = IQ"였다. 골먼은 다른 종류의 지능이 있다는 인식을 퍼뜨렸다. 감정을 다루는 능력이 삶의 성공에 중요하다는 것. 이 메시지는 유효하다.

감성지능의 어두운 면

....

흥미로운 역설이 있다. 감성지능이 높으면 항상 좋은가? 만약 EQ가 조작의 도구로 쓰인다면? 높은 EQ는 좋은 목적에도, 나쁜 목적에도 쓸 수 있다.

타인의 감정을 읽는 능력. 공감인가, 착취인가?

사기꾼, 조종자, 사이코패스. 그들 중 일부는 EQ가 높다. 상대의 감정을 정확히 읽는다. 하지만 그것을 상대를 돕는 데 쓰지 않는다. 조종하는 데 쓴다.

자기조절의 역습

감정을 억압하면 안 좋다. 하지만 과도한 자기조절도 문제다. 항상 침착하고, 항상 통제하고, 감정을 드러내지 않으면? 진정성이 의심된다. 사람들이 거리를 둔다. 본인도 소진된다. 건강한 EQ는 감정을 '억압'하는 것이 아니라 '적절히 표현'하는 것이다.

공감 피로

공감을 많이 하면 지친다. 타인의 고통을 계속 느끼면 소진된다. 의료인, 상담사, 사회복지사들이 겪는 '공감 피로Compassion Fatigue'. EQ가 높아서 오히려 힘든 경우도 있다. 해결책은 무엇일까? 자기 돌봄이다. 경계를 설정하고 공감과 동시에 자기 보호가 필요하다.

> **INSIGHT**
>
> EQ는 도구다. 좋은 목적에도, 나쁜 목적에도 쓸 수 있다. 당신의 EQ를 어디에 쓰는가? 그리고 자신도 돌봐라. 공감만 하다가 지치지 않도록.

당신의 EQ는 지금 어디에 있는가 : 골먼의 감성지능 측정술

....

골먼은 말한다. 자신의 감정을 아는 것이 모든 것의 시작이다. IQ는 바꾸기 어렵다. 하지만 EQ는 오늘부터 개발할 수 있다. 천재가 실패하고 평범한 사람이 성공하는 이유. 그것은 머리가 아니라 마음에 있다. 당신의 EQ는 어디에 있는가? 그리고 어디로 가고 싶은가?

골면 더 읽기

- **『감성지능』** 원전, EQ 개념의 대중화   난이도 ★★☆☆☆
- **『감성 리더십』** 리더십에서의 EQ   난이도 ★★☆☆☆
- **『포커스』** 주의력과 집중에 대해   난이도 ★★☆☆☆

Daniel
Goleman

Decision Manual

선택을 설계하는 법

카너먼의
시스템 1, 2

당신에게는 두 개의 뇌가 있다

01

Daniel Kahneman

2 + 2는? 답이 즉시 나온다. 17 × 24는? 계산이 필요하다. 이 차이에 인간 사고의 비밀이 담겨 있다. 우리 안에는 두 가지 사고 시스템이 있다. 시스템 1은 빠르고 자동적이다. 시스템 2는 느리고 의식적이다. 문제는 시스템 1이 너무 자신만만하다는 것이다. 그것은 모른다고 말하지 않는다. 답을 지어 낸다. 그리고 우리는 그것을 믿는다. 당신이 내리는 대부분의 판단은 당신이 생각하는 것보다 훨씬 덜 합리적이다. 이것을 아는 것이 더 나은 판단의 첫걸음이다. 카너먼의 심리학을 안다는 것은 '시스템 1, 2'를 외우는 게 아니다. 카너먼처럼 자기 사고를 의심하는 것이다.

야구 방망이와 공

....

문제 하나를 풀어보자.

야구 방망이와 공의 가격이 합쳐서 1달러 10센트다. 방망이가 공보다 1달러 더 비싸다. 공의 가격은? 즉시 답이 떠오른다. 10센트. 틀렸다. 계산해보자. 공이 10센트라면, 방망이는 1달러 더 비싸니까 1달러 10센트. 합치면 1달러 20센트. 문제 조건과 맞지 않는다. 정답은 5센트다. 공이 5센트, 방망이가 1달러 5센트. 합치면 1달러 10센트. 방망이가 공보다 정확히 1달러 더 비싸다.

이 문제를 하버드, MIT, 프린스턴 학생들에게 냈다. 세계 최고의 대학들이다. 50% 이상이 틀렸다. 왜? 답이 너무 빨리 떠오르기 때문이다. "1달러 10센트에서 1달러를 빼면 10센트"라는 직관이 즉시 작동한다. 그리고 그 직관이 너무 그럴듯해서, 검증하지 않는다. 대니얼 카너먼은 이것을 '시스템 1의 오류'라고 부른다. 빠르고 자동적인 사고가 답을 내놓는다. 느리고 의식적인 사고가 검증해야 하는데, 게을러서 안 한다. 카너먼의 말대로, 이 문제의 매력은 직관적 답이 매우 강하게 떠오른다는 것이다. 거의 저항할 수 없을 정도로.

카너먼, 인간 비합리성의 지도를 그리다

대니얼 카너먼은 이스라엘 태생의 심리학자다. 심리학자로서 노벨 경제학상을 받은 유일한 사람이다. 그의 연구가 경제학의 기초를 흔들어놓았기 때문이다. 전통 경제학은 가정했다. 인간은 합리적이다. 정보를 처리하고, 최선의 선택을 한다. 하지만 카너먼은 발견했다. 인간은 체계적으로 비합리적이다. 예측 가능한 방식으로 실수한다. 카너먼은 평생의 연구를 한 권의 책으로 정리했다. 『생각에 관한 생각』. 이 책의 전제는 단순하다. 다른 사람의 실수는 쉽게 보이지만, 자신의 실수는 보이지 않는다. 그리고 목표도 분명하다. 우리의 판단과 선택을 더 나은 방향으로 개선하는 것.

두 가지 시스템

카너먼의 핵심 아이디어는 단순하지만 강력하다. 우리 안에는 두 가지 사고 시스템이 있다.

시스템 1   시스템 2

시스템 1: 빠른 사고

- 자동적이다
- 노력이 필요 없다
- 의식적 통제가 없다

- 직관적이다
- 감정적이다
- 항상 작동한다

시스템 1이 하는 일:

- 2 + 2 = 4를 안다
- 얼굴에서 감정을 읽는다
- 차가 어디서 오는지 파악한다

- "사과"를 보면 "빨간 과일"이 떠오른다
- 위험을 감지하고 몸이 반응한다
- 고정관념을 작동시킨다

"시스템 1은 거의 노력 없이, 의식적 통제감 없이 자동적이고 빠르게 작동한다."

—『생각에 관한 생각』

시스템 2: 느린 사고

- 의식적이다
- 노력이 필요하다
- 통제된다
- 논리적이다
- 순차적이다
- 게으르다

시스템 2가 하는 일:

- 17 × 24를 계산한다
- 복잡한 논증을 따라간다
- 군중 속에서 특정 사람을 찾는다
- 세금 신고서를 작성한다
- 계약서의 조건을 비교한다
- 자기 행동을 모니터링한다

"시스템 2는 노력과 주의를 필요로 하는 정신 활동, 복잡한 계산을 포함하는 과정에 주의를 할당한다"

—『생각에 관한 생각』

카너먼은 "두 개의 서로 다른 인지 시스템"을 마치 두 역할을 가진 등장인물처럼 설명한다. 시스템 1은 자동 반응하는 직관. 시스템 2는 의식적으로 판단하는 이성. 시스템 1이 인상과 느낌을 생성한다. 시스템 2가 그것을 믿음과 행동으로 바꾼다.

문제는 역할 분담이다. 시스템 2가 검증해야 하는데, 보통은 시스템 1의 제안을 그냥 받아들인다. 왜? 시스템 2는 게으르기 때문이다.

> **INSIGHT**
>
> 지금 당신이 내리는 판단 중 대부분은 시스템 1의 작품이다. 즉각적이고 자동적인 반응. 시스템 2가 검증했다고 생각하지만, 실제로는 안 한 경우가 많다. 중요한 판단 앞에서 "잠깐, 이게 시스템 1인가 2인가?" 물어보라.

시스템 1의 특징: WYSIATI

....

카너먼이 만든 약어가 있다. WYSIATI.

What You See Is All There Is.

(보이는 것이 전부다.)

시스템 1은 주어진 정보만으로 이야기를 만든다. 정보가 부족해도 상관없다. 없는 정보를 찾으려 하지 않는다. 있는 정보로 그럴듯한 이야기를 구성한다.

"세상이 의미가 있다고 느끼게 해 주는 우리의 안락한 확신은 '우리의 무지를 무시하는 거의 무제한적 능력'이라는 안전한 토대 위에 서 있다."

—『생각에 관한 생각』

첫인상을 생각해보자. 누군가를 처음 만난다. 3초 안에 인상이 형성된다. "이 사람 믿을 만해 보여." "이 사람 차가워 보여." 정보가 거의 없다. 얼굴, 옷차림, 몇 마디 말. 하지만 시스템 1은 완전한 인상을 만들어낸다. 그리고 그 인상에 확신을 갖는다. 없는 정보는? 무시한다. 그 사람의 과거, 성격의 다른 면, 상황적 요인. 투자 결정도 마찬가지다. 초보 투자자가 주식을 산다. "이 회사 좋아 보여." 뉴스 기사 몇 개를 봤다. 긍정적이었다. 없는 정보는? 재무제표, 경쟁사 분석, 시장 전망. 하지만 시스템 1은 본 정보만으로 결론을 내린다. 그리고 확신한다.

WYSIATI의 결과는 과잉 확신이다. 정보가 부족한데도 확신한다. 오히려 정보가 적을수록 일관된 이야기가 쉽게 만들어지고, 확신이 커진다. 정보가 많으면 복잡해진다. 모순이 보인다. 확신이 줄어든다. 역설적으로, 무지가 확신을 만든다.

INSIGHT

당신이 확신할 때, 의심하라. "내가 모르는 것은 무엇인가?" 확신은 정보의 질과 무관할 수 있다. 확신이 강할수록, 뭔가 놓치고 있을 가능성이 높다.

휴리스틱: 지름길의 함정

....

시스템 1은 '휴리스틱Heuristic'을 사용한다. 복잡한 문제를 단순화하는 지름길. 대부분의 경우 휴리스틱은 효율적이다. 모든 것을 깊이 분석할 수 없으니까. 하지만 체계적 오류를 만들기도 한다.

카너먼과 트버스키가 발견한 주요 휴리스틱들이 있다.

휴리스틱 1: 대표성Representativeness

"이것이 저것과 얼마나 비슷한가?"로 확률을 판단한다.

린다 문제

린다는 31세, 미혼이고, 솔직하고 매우 똑똑하다. 대학에서 철학을 전공했다. 학생 시절 차별과 사회 정의 문제에 깊이 관여했고, 반핵 시위에도 참여했다.

다음 중 무엇이 더 가능성이 높은가?

- A. 린다는 은행원이다.
- B. 린다는 은행원이면서 페미니스트 운동에도 적극적이다.

대부분의 사람들이 B를 선택한다.

논리적으로는 틀렸다. B는 A의 부분집합이다. "은행원이면서 페미니스트"는 "은행원"보다 가능성이 낮아야 한다. 두 조건을 동시에 만족해야 하니까. 하지만 B가 린다의 묘사와 더 "비슷해" 보인다. 대표성 휴리스틱이 작동한 것이다.

"대표성은 어떤 사건이 스테레오타입이나 일관된 패턴에 들어맞으면, 가능성이 낮은 사건조차도 높다고 판단하게 할 수 있다"

—『생각에 관한 생각』

휴리스틱 2: 가용성^{Availability}

쉽게 떠오르는 것을 더 빈번하다고 판단한다.

질문:

영어 단어 중 'K'로 시작하는 단어가 더 많은가, 세 번째 글자가 'K'인 단어가 더 많은가? 대부분 "K로 시작하는 단어"라고 답한다. 실제로는 세 번째 글자가 K인 단어가 더 많다. 하지만 K로 시작하는 단어가 더 쉽게 떠오른다. King, Keep, Know... 세 번째 글자가 K인 단어는? Ask, Ink, Acknowledge... 떠올리기 어렵다. 쉽게 떠오르는 것 = 더 흔한 것. 이 등식이 휴리스틱이다. 대부분 맞지만, 틀릴 때도 있다. 실생활에서도 작동한다. 뉴스에서 비행기 사고를 본 사람은 비행기가 위험하다고 느낀다. 실제로는 자동차가 훨씬 위험하다. 하지만 비행기 사고는 뉴스가 되고, 자동차 사고는 안 된다. 비행기 사고가 더 쉽게 떠오른다. 테러도 마찬가지다. 뉴스에 나오면 테러 위험을 과대평가한다. 실제로 계단에서 넘어져 죽을 확률이 훨씬 높은데도.

무엇이 "흔하다"고 느낄 때, 물어라. "이것이 정말 흔한가, 아니면 쉽게 떠오르는 것인가?" 뉴스에 나오는 것, 생생하게 기억나는 것, 최근에 경험한 것은 과대평가된다.

휴리스틱 3: 앵커링Anchoring

처음 제시된 숫자에 끌려간다.

실험이 있다. 두 그룹에게 질문한다.

- 그룹 A: "UN 가입국 중 아프리카 국가의 비율이 65%보다 높은가 낮은가? 정확히 몇 %라고 생각하는가?"
- 그룹 B: "UN 가입국 중 아프리카 국가의 비율이 10%보다 높은가 낮은가? 정확히 몇 %라고 생각하는가?"

그룹 A의 평균 추정: 45%   그룹 B의 평균 추정: 25%

처음 제시된 숫자(65%, 10%)가 앵커가 됐다. 사람들은 그 숫자에서 조정하는데, 조정이 불충분하다. 실생활에도 앵커링은 작동한다. 가격 협상에서 먼저 숫자를 부르는 쪽이 유리하다. 그 숫자가 앵커가 된다. 연봉 협상도 마찬가지다. 먼저 숫자를 부르는 쪽이 앵커를 잡는다.

> **INSIGHT**
>
> 협상에서 먼저 숫자를 부르는 것을 고려하라. 앵커를 잡아라. 반대로, 상대가 먼저 숫자를 부르면, 그것이 앵커임을 인식하라. 의식적으로 그 앵커에서 벗어나려 노력하라.

손실 회피: 잃는 것이 두 배로 아프다

. . . .

카너먼과 트버스키는 사람들이 같은 크기의 이익보다 손실에 더 크게 반응한다는 사실을 발견했다. 평균적으로 손실은 이익보다 약 두 배 정도 강하게 느껴진다. 그래서 기대값이 유리해도 많은 사람들이 위험을 회피한다. 이것이 손실 회피다. 실험이 있다.

- 동전을 던진다:

    앞면이 나오면 150달러를 얻는다.

    뒷면이 나오면 100달러를 잃는다.

이 내기를 하겠는가? 기대값은 양수다. (0.5 × 150) − (0.5 × 100) = 25달러. 합리적으로는 해야 한다. 하지만 대부분의 사람들은 거부한다. 왜? 100달러를 잃는 고통이 150달러를 얻는 기쁨보다 크기 때문이다. 실생활에서 손실 회피를 뼈저리게 경험하는 순간이 있다. 투자다. 많은 초보 투자자들이 손실 난 주식을 팔지 못한다. "팔면 손실이 확정돼." 손실을 실현하는 것이 고통스럽다. 그래서 버티다가 더 큰 손실로 이어진다. 변화에 저항하는 것도 손실 회피다. 현재 상태를 바꾸면 뭔가 잃을 수 있다. 그래서 변화를 피한다. 더 나은 상태가 있어도.

프레이밍 효과: 같은 것도 다르게 느껴진다

....

같은 정보도 어떻게 표현하느냐에 따라 판단이 달라진다.

실험: 질병 문제

600명이 죽을 수 있는 질병이 발생했다. 두 가지 프로그램이 있다.

- 프레이밍 A (이익 프레임):

  프로그램 A: 200명이 살 것이다.

  프로그램 B: 1/3 확률로 600명 모두 살고, 2/3 확률로 아무도 안 산다.

어느 것을 선택하겠는가? 대부분 A를 선택한다 (72%). 확실한 이익을 선호한다.

- 프레이밍 B (손실 프레임):

  프로그램 A: 400명이 죽을 것이다.

프로그램 B: 1/3 확률로 아무도 안 죽고, 2/3 확률로 600명 모두 죽는다.

어느 것을 선택하겠는가? 대부분 B를 선택한다 (78%). 확실한 손실을 피하려 한다. 수학적으로 두 상황은 완전히 동일하다. "200명이 산다" = "400명이 죽는다" (600명 중). 하지만 프레이밍이 다르면 선택이 뒤집힌다.

프레이밍 효과가 적용되는 곳은 무궁무진하다. 먼저 마케팅. "90% 무지방"이 "10% 지방"보다 매력적이다. 또 의료 수술 성공률을 나타낼 때도 "수술 성공률 90%"가 "수술 사망률 10%"보다 안심된다. 협상에서도 "양보"라고 하면 손실이지만 "교환"이라고 하면 거래로 프레임이 변화한다.

과잉 확신: 우리는 모른다는 것을 모른다

카너먼이 가장 강조하는 편향 중 하나다.

"우리는 보통 자신의 의견과 인상들에 대해 지나치게 확신한다."

— 『생각에 관한 생각』

실험이 있다. 여러 질문에 대해 "90% 확신하는 범위"를 답하게 했다. 예를 들어, "나일강의 길이는? 90% 확신하는 최소-최대 범위를 말하라." 만약 사람들의 확신이 정확히 보정되어 있다면, 90% 확신한다고 말한 범위 안에 실제 정답이 10번 중 9번은 들어와야 한다. 실제로는? 50% 정도만 맞았다. 사람들의 "90% 확신"은 실제로 50% 정도의 확률이다. 과잉 확신이다. 전문가도 마찬가지다. 정치학자, 경제학자, 분석가들의 예측을 추적한 연구가 있다. 결과는 놀라웠다. 전문가들의 예측 정확도는 무작위 추측보다 약간 나은 수준이었다. 하지만 그들의 확신은 훨씬 높았다. 특히 유명한 전문가일수록 과잉 확신이 심했다. 미디어에 자주 나오는 사람들. 그들은 확신에 차서 말해야 하니까. 하지만 정확도는 낮았다.

계획 오류 Planning Fallacy

과잉 확신의 특수한 형태다. 프로젝트가 예정보다 오래 걸리고, 예산을 초과할 가능성을 과소평가한다. 시드니 오페라 하우스의 예상 공사 기간은 6년, 예산 700만 달러였지만 실제로는 16년, 1억 200만 달러가 들었다. 개인 수준에서도 마찬가지다. "이거 금방 끝나" 했던 일이 몇 배로 걸린 경험은 누구에게나 있다.

실전: 투자에서의 시스템 1

투자는 시스템 1의 덫이 가득한 영역이다.

- 대표성: 최근에 잘 나간 주식이 앞으로도 잘 나갈 것 같다. 과거 성과가 미래를 대표한다고 착각한다.

- 가용성: 뉴스에 나온 회사가 좋아 보인다. 쉽게 떠오르니까. 뉴스에 안 나온 회사는 고려조차 안 한다.

- 앵커링: 주식을 산 가격에 묶인다. "내가 산 가격까지는 올라야지." 현재 가치와 무관한 기준이다.

- 손실 회피: 손실 난 주식을 팔지 못한다. "팔면 손실이 확정돼." 버티다가 더 큰 손실로 이어진다.

- 과잉 확신: "나는 시장을 이길 수 있어." 대부분의 전문 펀드 매니저도 못 하는 일인데.

연구에 따르면, 개인 투자자가 거래를 많이 할수록 수익률이 낮아진다. 시스템 1의 직관을 따라 거래하기 때문이다. 가만히 두는 것이 대체로 더 낫다.

INSIGHT

투자에서 직관을 의심하라. "이 판단이 시스템 1인가?" 직관이 강하게 끌릴수록 더 의심하라. 그리고 거래를 줄여라. 거래할 때마다 시스템 1이 개입할 기회가 생긴다.

시스템 2를 작동시키는 법

. . . .

시스템 1은 끌 수 없다. 항상 작동한다. 하지만 시스템 2를 더 자주, 더 효과적으로 작동시킬 수 있다.

1. 속도를 늦춰라

중요한 결정은 즉시 하지 마라. 시간을 벌어라. "내일 답하겠습니다." 시스템 2가 작동할 시간을 줘라.

2. 숫자를 써라

직관적 판단 대신 숫자로 따져라. "얼마나 가능성이 있는가?" 1%? 10%? 50%? 숫자로 표현하면 시스템 2가 개입한다.

3. 반대를 생각하라

"내가 틀릴 수 있는 이유는?" "반대 증거는?" 의식적으로 반대를 찾아라. 확증 편향을 막는다.

4. 외부 관점을 구하라

"비슷한 상황에서 다른 사람들은 어떻게 됐는가?" 자기 상황만 보면 특수하게 느껴진다. 외부 관점은 일반화를 돕는다. 내부 관점은 낙관적이고, 외부 관점은 현실적이다.

5. 사전 부검^{Pre-mortem}

프로젝트 시작 전에 상상하라. "1년 후, 이 프로젝트는 완전히 실패했다. 왜 실패했을까?" 실패 원인을 미리 생각하면, 그것을 예방할 수 있다. 과잉 확신을 막는다.

INSIGHT

시스템 2는 게으르다. 강제로 작동시켜야 한다. 중요한 결정에는 절차를 만들어라. 체크리스트, 시간 지연, 반대 의견, 외부 관점. 구조가 시스템 2를 깨운다.

한계: 인식만으로는 부족하다

·········

카너먼 스스로 인정하는 것이 있다. 편향을 안다고 해서 면역이 되지 않는다.

"편향은 항상 피할 수 있는 것이 아니다. 왜냐하면 시스템 2는 그 오류를 인식하지 못할 수도 있기 때문이다. 잠재적 오류를 알리는 단서가 있을 때조차도, 오류를 막을 수 있는 것은 오직 시스템 2의 강화된 모니터링과 노력뿐이다."

— 『생각에 관한 생각』

앎과 행동은 다르다. 착시를 안다고 착시가 사라지지 않듯, 편향을 안다고 편향이 사라지지 않는다. 그래서 개인의 노력보다 환경과 절차가 중요하다. 편향이 작동하기 어려운 구조를 만들어야 한다. 체크리스트, 구조화된 절차, 집단적 의사결정, 외부 검토, 시간 지연. 개인이 매번 시스템 2를 작동시키려고 노력하는 것은 지속 불가능하다. 시스템이 시스템 2를 강제해야 한다.

시스템 2를 깨워라 : 카너먼의 이중 사고 시스템 작동술

....

세상은 우리가 이해할 수 있는 것보다 훨씬 더 무작위적이고, 불확실하고, 예측 불가능하다. 이것을 받아들여야 한다. 당신의 직관이 자신 있게 말하는 것, 그것이 틀릴 수 있다. 아니, 자신 있을수록 의심해야 한다. 두 개의 시스템을 아는 것. 그것이 더 나은 판단의 시작이다. 시스템 1을 끌 수는 없다. 하지만 시스템 2를 깨울 수는 있다. 당신은 지금 몇 번 시스템을 쓰고 있는가?

카너먼 더 읽기

- 『생각에 관한 생각』 카너먼 평생 연구의 집대성   난이도 ★★★☆☆
- 『불확실한 상황에서의 판단』 학술 논문 모음, 전문가용   난이도 ★★★★☆

Daniel
Kahneman

탈러의 넛지

선택을 설계하는 법

02

Richard H.Thaler

강제하지 않고 어떻게 행동을 바꿀 수 있는가? 금지하지 않고, 처벌하지 않고, 인센티브도 주지 않고. 리처드 탈러는 답을 찾았다. 넛지Nudge. 팔꿈치로 슬쩍 찌르듯, 부드럽게 유도하는 것. 선택의 자유는 그대로 두면서, 더 나은 선택을 하게 만드는 것. 비밀은 '선택 설계'에 있다. 선택지를 어떻게 배열하느냐가 선택을 결정한다. 디폴트가 무엇이냐가 결과를 바꾼다. 당신은 매일 누군가의 넛지 속에 살고 있다. 그것을 알면 더 나은 선택을 할 수 있다. 그리고 다른 사람도 더 나은 선택을 하게 도울 수 있다.

소변기 속의 파리

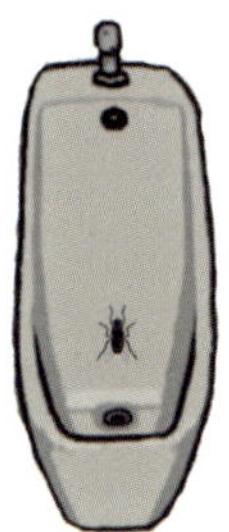

남자 화장실, 소변기마다 작은 파리 그림이 있다. 배수구 근처에 있는 검은 파리 한 마리. 왜일까? 남자들은 목표물이 있으면 조준하고 싶어 한다. 파리를 보면 거기에 맞추려 한다. 결과는 놀라웠다. 소변이 밖으로 튀는 것이 80% 감소했다. 강제하지 않았다. "여기 조준하세요"라는 표지판도, 벌금도, 감시도 없었다. 그냥 파리 그림 하나. 하지만 행동이 바뀌었다. 이것이 '넛지Nudge'다.

"넛지란 선택을 금지하거나 경제적 인센티브를 크게 바꾸지 않으면서 예측 가능한 방식으로 사람들의 행동을 변화시키는 선택 설계의 모든 측면이다."

— 『넛지』

파리 그림은 강제가 아니다. 무시해도 된다. 하지만 대부분 자연스럽게, 무의식적으로 따른다. 이것이 넛지의 힘이다.

탈러, 인간의 비합리성을 활용하다

·········

리처드 탈러는 미국의 경제학자다. 2017년 노벨 경제학상 수상자이기도 하다. 그는 전통 경제학에 반기를 들었다. 전통 경제학은 가정했다. 인간은 합리적이다. '호모 이코노미쿠스Homo Economicus'. 정보를 완벽히 처리하고, 최선의 선택을 한다. 하지만 탈러는 말한다. 그런 인간은 없다. 우리는 '이콘Econ'이 아니라 '휴먼Human'이다. 그는 한 인간의 자아를 이콘과 휴먼으로 나눈다. '이콘'은 전통 경제학이 가정하는 냉철하게 자신의 이익을 계산할 줄 아는 합리적 존재이자 계획하는 자아를 말한다. '휴먼'은 유혹이나 선동에 쉽게 넘어가는 비합리적 존재이자, 행동하는 자아다.

"이콘은 아인슈타인처럼 생각하고, IBM 컴퓨터만큼 기억하고, 간디처럼 의지력이 강하다. 하지만 현실의 인간은 그렇지 않다."

—『넛지』

탈러는 카너먼, 트버스키의 연구를 경제학에 적용했다. 인간이 체계적으로 비합리적이라면, 그 비합리성을 활용해서 더 나은 선택을 유도할 수 있지 않을까?

선택 설계자: 당신도 그중 하나다

탈러의 핵심 개념은 '선택 설계Choice Architecture'다.

"선택 설계자들은 사람들이 결정을 내리는 맥락을 구성할 책임이 있다."

—『넛지』

선택지가 어떻게 제시되느냐가 선택을 결정한다. 같은 선택지라도 배열, 순서, 디폴트(기본값)에 따라 결과가 달라진다. 학교 급식 라인에서 음식 배열을 바꿨다. 건강한 음식(샐러드, 과일)을 앞에, 눈높이에 배치했다. 덜 건강한 음식(감자튀김, 디저트)을 뒤에, 불편한 위치에. 아이들의 건강식 섭취가 25% 증가했다.

선택지는 그대로다. 감자튀김을 금지하지 않았다. 하지만 배열이 바뀌니 행동이 바뀌었다. 누가 선택 설계자인가?

- 웹사이트 디자이너: 버튼을 어디에 배치할까?

- 의사: 치료 옵션을 어떤 순서로 설명할까?

- 상사: 선택지를 어떻게 제시할까?

- 부모: 아이에게 옵션을 어떻게 줄까?

- 슈퍼마켓: 상품을 어디에 진열할까?

당신도 선택 설계자다. 가정에서, 직장에서, 관계에서. 다른 사람에게 선택지를 제시할 때마다.

누군가에게 선택지를 제시할 때, 당신은 선택 설계자다. 그 배열이 결과에 영향을 미친다. 의식하라. "이 배열이 어떤 선택을 유도하는가?" 좋은 방향으로 설계할 수 있다.

디폴트의 힘: 아무것도 안 하면 어떻게 되는가

....

넛지의 가장 강력한 도구는 '디폴트^{Default}'다. 기본값. 아무것도 선택하지 않으면 자동으로 적용되는 것.

"디폴트 옵션은 엄청난 영향력을 갖는다. 왜냐하면 많은 사람들
이 적극적인 선택을 하지 않기 때문이다."

— 『넛지』

한 연구에서 유럽 국가들의 장기 기증 동의율을 비교했다. 독일
은 12%, 오스트리아는 99%. 두 나라는 문화적으로 비슷하다. 왜 이
렇게 다른가? 디폴트가 다르기 때문이다. 독일은 기증하려면 신청
해야 한다(옵트인, Opt-in). 디폴트는 "기증 안 함". 오스트리아는 반대
로 기증하기 싫으면 거부해야 한다(옵트아웃, Opt-out).

디폴트는 "기증함". 같은 자유가 있다. 독일에서도 기증할 수 있
고, 오스트리아에서도 거부할 수 있다. 하지만 디폴트가 다르면 결
과가 극적으로 달라진다. 미국 회사들의 퇴직연금 가입률도 비슷한
패턴을 보인다. 직접 가입해야 하는 회사는 가입률이 약 50%다. 자
동 가입되고 원하면 탈퇴하는 회사는 가입률이 약 90%다. 같은 제도

인데 디폴트만 바꾸니 가입률이 거의 두 배로 벌어진다. 왜 디폴트가 강력한가? 첫째, 노력이 필요 없다. 디폴트는 그냥 두면 된다. 바꾸려면 노력해야 한다. 둘째, 암묵적 추천으로 해석된다. "이게 기본값이면 이게 좋은 거겠지." 셋째, 현상 유지 편향이 작동한다. 사람들은 현재 상태를 바꾸기 싫어한다. 그리고 디폴트가 곧 현재 상태가 된다.

중요한 결정에서 디폴트가 무엇인지 확인하라. "아무것도 안 하면 어떻게 되는가?" 디폴트가 당신에게 불리하게 설계되어 있을 수 있다. 적극적으로 선택하라. 디폴트에 끌려가지 마라.

자유주의적 개입주의: 강제 없는 유도

....

탈러의 철학적 입장은 '자유주의적 개입주의Libertarian Paternalism'다. 모순처럼 들린다. 자유주의(개인의 선택 존중)와 개입주의(더 나은 방향으로 유도)가 어떻게 양립하는가?

"우리의 목표는 선택의 자유를 보존하면서도 사람들이 더 나은 결정을 내릴 수 있도록 돕는 정책을 설계하는 것입니다."

— 『넛지』

핵심은 선택을 강제하지 않는다는 것이다. 대안을 금지하지 않는다. 하지만 더 나은 선택을 쉽게 만든다. 원하면 다르게 선택할 수 있다. 파리를 무시할 수 있다. 장기 기부를 거부할 수 있다. 퇴직연금을 탈퇴할 수 있다. 하지만 디폴트와 설계는 더 나은 방향을 향한다. 대부분의 사람에게 좋은 결과가 기본값이다.

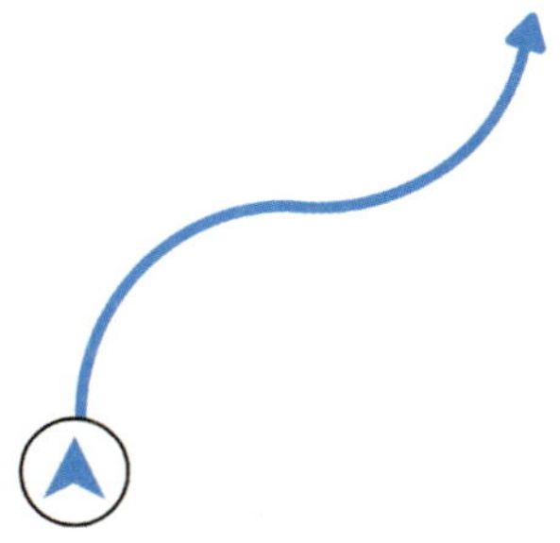

네비게이션을 생각해보자. 네비게이션은 경로를 추천하지만 강제하지 않는다. 다른 길로 갈 수 있다. GPS는 넛지다. "이 길로 가세요"라고 알려주지만, 따르지 않아도 된다. 대부분 따른다. 편하니까. 대체로 더 좋은 길이니까.

넛지의 도구들

·········

탈러는 다양한 넛지 도구를 제시한다.

도구 1: 디폴트 설정

앞서 설명했듯이 가장 강력한 도구다. 좋은 디폴트 설계란 무엇인가? 대부분의 사람에게 좋은 것을 기본값으로 하되, 바꾸고 싶은 사람은 쉽게 바꿀 수 있게 하는 것이다.

도구 2: 피드백

행동의 결과를 즉시 보여준다. 예를 들어, 전기 요금 고지서에 "당신의 사용량 vs 이웃 평균"을 표시한다고 생각해보자. 이웃보다 많이 쓰면 찡그린 얼굴 이모티콘을 넣는다. 결과는 어떨까? 특히 많이 쓰던 가구에서부터, 전기 사용량이 줄어들 것이다.

또, 과속 경고 표시도 넛지다. "현재 속도: 75km/h"을 실시간으로 보여준다. 제한 속도를 초과하면 빨간색으로. 벌금을 주지 않는다. 그냥 보여준다. 하지만 속도가 줄어든다.

도구 3: 단순화

사람들은 복잡하면 포기하고, 단순하면 행동한다. 미국의 학자금 지원 신청서는 원래 복잡했다. 100개 이상의 질문에 답해야 했다. 신청률이 낮았다. 특히 저소득층에서. 정작 지원이 필요한 사람들이 신청을 못 했다. 하지만 이것을 단순화했다. 질문을 줄이고, 세금 정보를 자동으로 가져오게 단순화했더니 신청률이 올랐다.

도구 4: 사회적 규범

다른 사람들이 어떻게 하는지 알려준다.

- "환경을 보호합시다. 타월을 재사용해주세요." → 효과 보통.
- "이 호텔 투숙객의 75%가 타월을 재사용합니다." → 효과 더 좋음.
- "이 방에 묵었던 투숙객의 75%가 타월을 재사용했습니다." → 효과 가장 좋음.

사회적 규범, 특히 나와 비슷한 사람들의 행동이 영향을 미친다.

도구 5: 사전 약속^{Pre-commitment}

미래의 자신을 묶어둔다. "Save More Tomorrow". 탈러가 직접 설계한 퇴직저축 프로그램이다. 지금 저축을 늘리기는 싫다. 하지만 미래 월급이 오르면 그때 저축을 늘리겠다고 약속한다. 현재의 손실은 싫지만, 미래의 이익 일부를 포기하는 것은 덜 아프다. 결과? 저축률이 3%에서 13%로 증가했다.

스스로에게 넛지를 적용하라. 디폴트를 바꿔라. 자동이체로 저축하라. 미래의 자신을 사전에 약속시켜라. 좋은 행동을 쉽게, 나쁜 행동을 어렵게 설계하라.

실전: 금융에서의 넛지

....

돈 관련 결정은 넛지가 큰 차이를 만든다.

- 저축

  - 자동이체를 디폴트로 (급여 받으면 자동으로 저축)

  - 월급 인상 시 저축도 자동 인상

  - 저축 목표를 시각화 (진행 상황 피드백)

- 투자

  - 분산 투자를 디폴트로

  - 거래를 어렵게 (즉각적 거래 대신 냉각 기간)

  - 장기 성과 그래프 보여주기 (단기 변동에 반응 줄이기)

어둠의 넛지: 슬러지

....

넛지가 항상 좋은 것은 아니다. 나쁜 방향으로도 쓸 수 있다. 실제로 이를 체계화하고 확장한 '슬러지Sludge'라는 개념이 등장한다. 넛지의 어두운 면.

슬러지는 사람들이 원하는 행동을 하기 어렵게 만드는 불필요한 마찰과 장애물이다.

— 캐스 선스타인, 『Sludge』

구독 해지를 예를 들어보자. 가입은 원클릭이었던 서비스가 해지는? 해지 버튼이 눈에 잘 띄지 않고, 찾아내려면 여러 단계를 거쳐야 한다. 혹은 전화해야 하고, 대기해야 하고, 절차가 복잡하다. 이것이 슬러지다. 나쁜 선택(계속 결제)을 쉽게, 좋은 선택(해지)을 어렵게. 개인정보 설정은 어떤가? 서비스 가입시 디폴트는 "정보 공개"다. 비공개로 바꾸려면? 설정 깊숙이 들어가서, 여러 단계를 거쳐야 한다. 슬러지다. 회사에 좋은 것(정보 수집)이 디폴트. 사용자에게 좋은 것

(프라이버시)은 어렵게.

비판: 넛지의 한계

....

넛지에 대한 비판도 있다.

비판 1: 조작 아닌가?

넛지는 사람들을 모르게 유도한다. 이것이 윤리적인가? 자율성을 침해하는 것 아닌가? 탈러는 답한다. 선택 설계는 피할 수 없다. 무언가는 디폴트여야 한다. 음식은 어딘가에 배열되어야 한다. 중립적 설계란 없다. 그렇다면 좋은 방향으로 설계하는 것이 낫다. 다만 투명성이 중요하다. 넛지가 숨겨져 있으면 조작이 된다. 공개되어 있으면 정당화된다.

비판 2: 누가 "더 나은 선택"을 결정하는가?

탈러는 "대부분의 사람에게 좋은 것"이라고 말한다. 하지만 누가 그것을 판단하는가? 정부? 기업? 전문가? 가치관이 다르면 "좋은 것"도 다르다. 한 사람에게 좋은 것이 다른 사람에게는 아닐 수 있다. 탈러는 답한다. 완벽하지 않다. 하지만 현상 유지도 선택 설계다. 의도 없이 설계된 현상 유지보다, 의도적으로 좋은 방향을 설계하는 것이 낫다.

비판 3: 효과가 작다

넛지의 효과는 대체로 작다. 5%, 10% 수준. 큰 문제에는 부족하다. 탈러는 답한다. 작아도 비용이 거의 없다. 파리 그림 하나에 얼마나 드는가? 비용 대비 효과가 좋다. 그리고 다른 정책과 함께 쓸 수 있다. 넛지만으로 충분하다는 게 아니디.

비판 4: 구조적 문제를 가린다

가난한 사람이 저축을 못 하는 것은 넛지 문제가 아니다. 돈이 없어서다. 넛지로 구조적 문제를 해결하는 척하면 안 된다. 이 비판은 유효하다. 넛지는 만능이 아니다. 구조적 문제에는 구조적 해결이 필요하다. 넛지는 보완재다.

탈러의 넛지 설계술

....

탈러의 행동경제학을 안다는 것은 '넛지' 단어를 외우는 게 아니다. 탈러처럼 선택 환경을 보는 것이다. 이제 이 질문들을 당신의 내면에 있는 무기고에 채워라. "디폴트는 무엇인가?" 아무것도 안 하면 어떻게 되는가? 그것이 누구에게 유리한가? 디폴트를 의식하라. "마찰은 어디에 있는가?" 좋은 행동이 쉬운가, 어려운가? 나쁜 행동이 쉬운가, 어려운가? 마찰의 위치가 행동을 결정한다. "이 환경을 어떻게 재설계할 수 있는가?" 의지력에 의존하지 마라. 환경을 바꿔라. 좋은 선택이 쉬운 환경을 만들어라.

당신의 삶에는 어떤 파리를 그릴 것인가?

....

내일 아침, 당신은 선택한다. 알람을 끄고 더 잘까, 일어날까. 운동할까, 말까. 아침을 먹을까, 굶을까. 이 선택들은 의지력으로 결정되는 것 같지만 실제로는 환경이 결정한다. 알람이 손 닿는 곳에 있으면 끄고 자지만, 방 건너편에 있으면 일어나야 끈다. 일어났으니 자연스레 깬다. 운동복이 눈에 보이면 입게 된다. 옷장 깊숙이 있으면 잊어버린다. 건강한 아침 재료가 앞에 있으면 먹는다. 없으면 굶거나 나쁜 것을 먹는다. 당신의 선택은 당신의 환경이다. 그 환경을 누가 설계했는가? 우연? 다른 사람? 아니면 당신?

오늘부터 자신 스스로의 선택 설계자가 되라. 좋은 행동을 쉽게 만들어라. 운동복을 침대 옆에 둬라. 건강한 음식을 냉장고 앞에 배치하라. 저축을 자동이체로 설정하라. 나쁜 행동을 어렵게 만들어라. 과자를 높은 선반에 올려라. 신용카드를 집에 두고 나가라. 의지력은 유한하다. 환경은 항상 작동한다. 소변기 속 파리처럼, 작은 설계가 행동을 바꾼다. 당신의 삶에 어떤 파리를 그릴 것인가?

탈러 더 읽기

- 『넛지』 탈러 & 선스타인의 대표작, 넛지 개념의 원전   난이도 ★★☆☆☆
- 『똑똑한 사람들의 멍청한 선택』 탈러의 자전적 행동경제학 이야기   난이도 ★★☆☆☆
- 『넛지: 파이널 에디션』 개정판, 슬러지 개념 추가   난이도 ★★☆☆☆

애리얼리의 예측된 비합리성

우리는 예측 가능하게 멍청하다

03

Dan Ariely

우리는 비합리적이다. 이미 아는 사실이다. 하지만 댄 애리얼리는 한 발 더 나아간다. 우리의 비합리성은 무작위가 아니다. 예측 가능하다. 반복된다. 같은 상황에서 같은 실수를 한다. 공짜에 눈이 멀고, 비교에 속고, 기대에 조종당한다. 좋은 소식이 있다. 예측 가능하다는 것은 대비 가능하다는 것이다. 우리가 어디서 넘어지는지 알면, 그 자리를 피할 수 있다. 애리얼리는 우리의 비합리성 지도를 그렸다. 그 지도를 들고 가면 덜 넘어진다. 애리얼리의 심리학을 안다는 것은 실험 결과를 외우는 게 아니다. 애리얼리처럼 자신의 비합리성을 의심하는 것이다.

세 번째 옵션의 마법

·········

이코노미스트 잡지의 구독 광고.

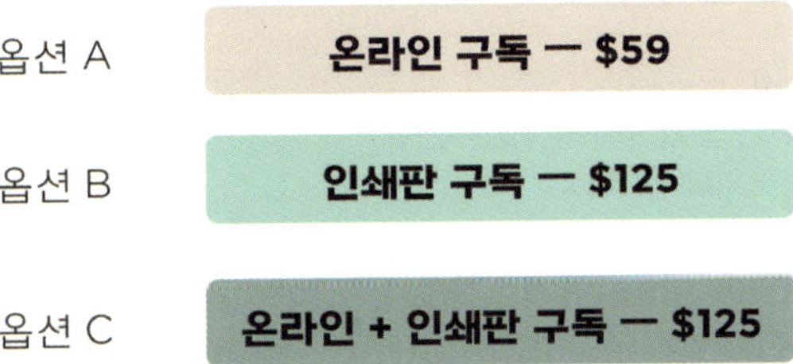

잠깐. 옵션 B와 C가 같은 가격이다. 인쇄판만 $125, 인쇄판 + 온라인도 $125. 누가 B를 선택하겠는가? 같은 가격에 덜 받는 것을. 아무도 안 한다. B는 말이 안 된다. 그런데 왜 B가 있는가? 댄 애리얼리는 MIT 학생 100명에게 실험했다.

세 옵션 모두 제시했을 때:

- 온라인만: 16%
- 인쇄판만: 0%

- 온라인 + 인쇄판: 84%

예상대로 아무도 B를 선택하지 않았다. 하지만 대부분이 C를 선택했다.

B를 제거하고 두 옵션만 제시했을 때:

- 온라인만: 68%
- 온라인 + 인쇄판: 32%

매우 극적인 변화가 일어났다. 아무도 선택하지 않는 옵션을 제거했을 뿐인데, 결과가 뒤집혔다. 왜? 옵션 B는 '미끼Decoy'였다. 선택되기 위해 있는 게 아니다. 옵션 C를 좋아 보이게 하기 위해 있다. B와 C를 비교하면 C가 압도적으로 좋다. 같은 가격에 더 많이 주니까. 이 쉬운 비교가 C로 끌어당긴다. B가 없으면? A와 C를 비교해야 한다. $59 vs $125. 어려운 비교다. 온라인의 가치가 $66인가? 모르겠다. 그래서 많은 사람이 싼 것을 선택한다.

"인간은 절대적 기준으로 선택하지 않는다. 우리에게는 사물의 가치를 알려주는 내부 측정기가 없다. 대신 우리는 한 사물이 다른 사물에 비해 상대적으로 얼마나 유리한지에 집중하고, 그에

— 『상식 밖의 경제학』

상대성의 함정: 비교가 판단을 왜곡한다

....

우리는 절대적 가치를 모른다. 상대적으로만 판단한다. 한 가지 사례를 보자. 윌리엄스 소노마(고급 주방용품 매장)가 $275짜리 빵 굽는 기계를 출시했다.

잘 안 팔렸다. 컨설턴트는 뜬금없는 조언을 했다. "$429짜리 더 크고 비싼 모델을 옆에 놓아라." 결과는 어땠을까. $429짜리는 거의 안 팔렸다. 하지만 $275짜리가 날개 돋친 듯 팔렸다.

Decision Manual - 선택을 설계하는 법

왜? 비교 대상이 생겼기 때문이다. $275가 $429 옆에서 "합리적인 선택"으로 보였다. 혼자 있을 때는 "비싼 것"이었는데. 애리얼리는 재미있는 실험도 언급한다. 두 사람의 사진을 보여주고 누가 더 매력적인지 물었다. 비슷한 매력이면 50:50으로 나뉜다. 그런데 세 번째 사진을 추가했다. 둘 중 한 명과 비슷하게 생겼지만 약간 덜 매력적인 버전. 미끼였다. 결과는? 미끼와 비슷한 사람의 선택률이 급상승했다. 미끼 옆에서 더 매력적으로 보였기 때문이다. 농담처럼 들리지만 현실에서도 작동한다. 소개팅에 나갈 때, 나와 닮았지만 나보다 약간 덜 매력적인 친구와 함께 간다면…? 애리얼리는 실제로 이것을 농담으로 말한다.

INSIGHT

비교 대상이 판단을 바꾼다. 무언가를 평가할 때, "옆에 뭐가 있는가?"를 의식하라. 쇼핑할 때 "이것 옆에 일부러 놓인 미끼가 있는가?" 의심하라. 비교를 제거하고 그것 자체의 가치를 따져라.

무료의 힘: 공짜는 다르다

애리얼리가 발견한 신기한 사실이 있다. '무료Free'는 단순히 가격이 0인 것이 아니다. 그것은 특별한 의미를 가진다. 다음 초콜릿 선택 실험을 보자.

린트 트러플(고급 초콜릿)을 15센트에, 단순한 무명 초콜릿을 1센트에 팔았다. 선택 결과, 73%가 린트 초콜릿을 선택했고, 27%가 무명 초콜릿을 선택했다. 합리적이다. 린트가 더 좋은 초콜릿이고, 가격 차이(14센트)를 감안해도 가치가 있다.

이제 가격을 각각 1센트씩 낮췄다. 린트는 14센트, 무명 초콜릿은 무료. 선택 결과, 31%가 린트를 선택했고, 69%가 무명 초콜릿을 선택했다. 완전히 뒤집혔다. 가격 차이는 똑같이 14센트다. 합리적으로는 결과가 같아야 한다. 하지만 "무료"가 되자 모든 것이 바뀌었다.

"무료는 단순히 매우 낮은 가격이 아니다 — 무료는 감정적인 힘을 가진 특별한 가격이다. 무료 제안 앞에서는 사람들은 손실 가능성을 잊고 그것이 실제보다 훨씬 가치 있다고 느끼게 된다."

—『상식 밖의 경제학』

왜 무료가 특별한가? 돈을 내는 순간 우리는 자동으로 '손실'을 의식한다. 하지만 무료가 되는 순간, 사람들은 손실을 고려하지 않게 된다.

FREE

그 결과 손실 회피가 약해지고, 합리적인 비교 대신 감정이 판단을 주도한다. 무엇보다 '공짜'라는 단어 자체가 강한 흥분을 일으켜, 계산보다 감정이 더 큰 힘을 갖게 만든다. 실생활에서 자주 접하는 무료의 함정들이 있다. "1+1" 행사. 필요 없는데 산다. 하나가 무료니까. 무료 배송을 위해 더 산다. 배송비보다 더 많이 쓰면서. 그리고 무료 앱. 돈 대신 사용자의 시간과 주의를 비용으로 만든다. 그래서 '무료'처럼 보이지만, 결국 보이지 않는 대가를 치르게 된다.

사회적 규범 vs 시장 규범: 돈이 관계를 망친다

애리얼리는 발견했다. 두 가지 규범이 우리 삶을 지배한다.

사회적 규범^{Social Norms}

친절, 호의, 관계에 기반. 대가를 기대하지 않는다. 친구가 이사를 도와달라고 하면, 우리는 돈을 기대하지 않고 기꺼이 돕는다.

시장 규범^{Market Norms}

거래, 교환, 돈에 기반. 주고받음이 명확하다. 이사 업체를 부른다. 돈을 내고 서비스를 받는다.

문제는 두 규범이 섞이면 안 된다는 것이다. 미국 은퇴자협회 AARP가 변호사들에게 은퇴자들을 위해 시간당 30달러에 일해달라고 요청했다. 변호사들은 거절했다. 그런데 무료로 봉사해달라고 요청하자, 압도적으로 수락했다. 무엇이 문제였을까? 30달러라는 금액이 문제였다. 변호사들은 시장 규범으로 판단했고, 자신들의 시간당

수백 달러 임금에 비해 30달러는 모욕적으로 느껴졌다. 애리얼리는 경고한다. 사회적 규범에서 시장 규범으로 전환하는 것은 쉽지만, 되돌리기는 매우 어렵다.

실험: 작업 동기

참가자들에게 단순 작업을 시켰다. 원을 화면에서 드래그하는 것. 참가자들을 세 그룹으로 나눴다.

- 첫 번째 그룹: "부탁이에요. 도와주세요." (무료)
- 두 번째 그룹: "50센트 드릴게요."
- 세 번째 그룹: "5달러 드릴게요."

결과는 어땠을까?

- 무료 그룹: 평균 168개 드래그 (가장 열심히)
- 50센트 그룹: 평균 101개 드래그 (가장 덜 열심히)
- 5달러 그룹: 평균 159개 드래그 (열심히)

50센트는 "모욕적인 시장 거래"가 됐다. 무료 부탁보다 동기가 낮았다.

회사가 직원에게 사회적 규범을 기대한다. "가족 같은 회사", "열정", "헌신". 하지만 실제로는 시장 규범으로 대우한다. 보너스 삭감, 해고, 비용 절감. 그 순간 두 규범이 충돌한다. 직원들은 배신감을 느낀다. "가족이라면서 왜 이래?"

기대가 경험을 만든다

애리얼리의 또 다른 통찰. 우리가 무엇을 경험하느냐는 우리가 무엇을 기대하느냐에 달려 있다.

실험: 맥주

MIT 학생들에게 두 가지 맥주를 맛보게 했다. 일반 맥주와 "MIT 브루"(발사믹 식초 몇 방울 추가).

- 그룹 A (블라인드): 아무 말 없이 맛보게 함. 많은 학생이 MIT 브루를 선호했다.

- 그룹 B (사전 고지): 마시기 전에 "이건 식초가 들어갔어요"라고 말함. 대부분 싫어했다.

- 그룹 C (사후 고지): 마신 후에 "방금 마신 거 식초 들어갔어요"라고 말함. 여전히 좋아했다.

기대가 경험을 바꿨다. 같은 맥주인데, 알고 마시면 맛이 다르게 느껴진다.

실험: 진통제

참가자들에게 전기 충격을 주고 진통제를 줬다. 실제로는 가짜 약이었다.

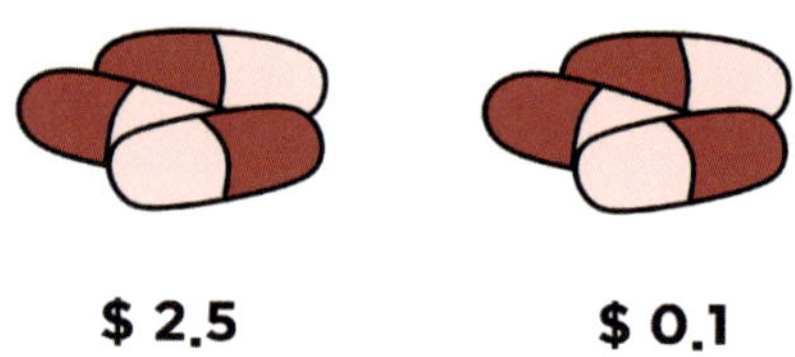

- 그룹 A: "이 진통제는 개당 2.5달러입니다." 85%가 통증 감소를 보고했다.

- 그룹 B: "이 진통제는 개당 10센트입니다." 61%만 통증 감소를 보고했다.

같은 가짜 약인데, 비싸다고 하면 더 잘 듣는다. 플라시보 효과도 기대에 따라 달라진다. 애리얼리는 설명한다. 우리의 뇌는 기대에 맞춰 현실을 재구성한다. 비싼 와인이 더 맛있게 느껴지는 이유는 단순히 비싸기 때문일 수 있다. 실생활에서도 마찬가지다. 비싼 와인이 더 맛있게 느껴진다. 브랜드가 있는 제품이 더 좋아 보인다. 좋은 레스토랑이라고 들으면 음식이 더 맛있다. 명의라고 들으면 치료 효과가 더 좋다.

기대가 경험을 만든다. 이것은 양날의 검이다. 나쁜 기대는 좋은 것을 망친다. 좋은 기대는 평범한 것을 좋게 만든다. 중요한 경험 전에는 긍정적 기대를 가져라. 단, 무언가를 살 때는 기대 효과에 속지 마라.

소유 효과: 내 것은 더 가치 있다

우리는 소유한 것의 가치를 과대평가한다.

실험: 농구 티켓

듀크 대학교 농구 티켓은 구하기 어렵다. 추첨으로 배분한다. 애리얼리는 티켓을 얻은 학생과 못 얻은 학생에게 물었다.

- 티켓 얻은 학생에게: "얼마에 팔겠어요?" 평균 2,400달러.

- 티켓 못 얻은 학생에게: "얼마에 사겠어요?" 평균 170달러.

같은 티켓인데 14배 차이다. 애리얼리는 설명한다. 소유하는 순간 가치가 변한다. 내 것이 되면 더 가치 있어진다. 왜 이런가?

- 첫째, 손실 회피

  파는 것은 손실이다. 손실은 아프다. 그래서 높은 가격을 요구한다.
- 둘째, 노력과 역사

  내 것에는 내 시간과 감정이 들어갔다. 그것을 가치로 환산한다.
- 셋째, 자기 중심성

  내가 가진 것의 장점은 잘 보이고, 단점은 안 보인다.

실생활에서도 마찬가지다. 내 집을 팔 때 시장 가격보다 높게 부른다. 내 차, 내 물건이 객관적 가치보다 높게 느껴진다. 자신의 아이디어가 남의 것보다 좋아 보인다.

가상 소유

더 흥미로운 것은, 소유하지 않아도 소유한 것처럼 느끼면 효과가 생긴다는 점이다. "30일 무료 체험". 체험 기간 동안 그것이 "내 것"이 된다. 반납하기 어려워진다. 경매에서 높은 입찰을 하는 것도 같은 원리다. 아직 내 것이 아닌데 "거의 내 것"처럼 느낀다. 놓치기 싫어 더 높이 부른다.

당신이 가진 것의 가치를 객관적으로 보기 어렵다. 팔 때는 시장 가격을 참고하라. "내 것"이라서 더 가치 있다고 착각하지 마라. "무료 체험"도 조심하라. 그것은 당신을 소유자로 만들어 판매하려는 전략이다.

미루기의 심리학: 자기 통제의 실패

·········

애리얼리는 자기 통제도 연구했다.

실험: 과제 마감

학생들에게 세 개의 글을 교정하게 했다.

- 그룹 A: 학기 말까지 세 편 모두 제출. 자유롭게.
- 그룹 B: 교수가 정한 세 개의 마감일에 각각 제출. 강제로.
- 그룹 C: 학생이 스스로 세 개의 마감일을 정하고, 어기면 감점. 자기 약속.

성적 결과는 어땠을까? 그룹 B(강제 마감)가 가장 높았다. 그룹 C(자기 약속)가 중간. 그룹 A(자유)가 가장 낮았다. 자유가 주어지면 미룬다. 미루면 질이 떨어진다. 강제 마감이 최고 성과를 낸다. 흥미로운 점이 있다. 그룹 C는 자유보다 낫지만 강제보다는 못했다. 우리는 미루기 문제가 있다는 것을 안다. 그래서 스스로를 묶으려 한다. 하지만 너무 느슨하게 묶는다.

사전 약속 장치

미루기를 막으려면 자유를 제한해야 한다.

- 저축: 자동이체로. 의지력이 필요 없도록 한다.

- 다이어트: 과자를 집에 안 둔다. 유혹 자체를 제거한다.

- 운동: 친구와 약속한다. 사회적 압박을 만든다.

- 마감: 중간 마감을 만든다. 스스로 또는 타인이 정한다.

INSIGHT

자유는 적이다. 적어도 자기 통제에서는. 미래의 자신을 믿지 마라. 지금 구조를 만들어라. 선택을 제거하라. 약속을 공개하라. 마감을 쪼개라. 의지력보다 시스템이 낫다.

정직과 부정행위: 우리는 얼마나 정직한가

....

애리얼리는 부정행위도 연구했다.

실험: 수학 문제

참가자들에게 20개의 수학 문제를 풀게 했다. 5분 제한. 문제당 돈을 받는다.

- 통제 그룹: 답안지를 제출하면 채점자가 채점한다. 평균 4개 정답.
- 실험 그룹: 스스로 채점하고 답안지를 파쇄기에 넣는다. 아무도 모른다. 평균 6개 정답.

2개를 속였다. 하지만 20개 다 맞았다고 하지는 않았다.

"우리는 합리적이고 정직한 개인이라는 자기 이미지를 유지할 수 있는 수준까지 속인다."

— 『상식 밖의 경제학』

우리는 "나쁜 사람"이 되지 않는 선에서 속인다. 완전한 정직도, 완전한 부정도 아닌 중간. 자기 정당화가 가능한 정도까지. "한두 개쯤이야", "다들 그래", "회사가 나한테 빚진 거야." 돈에서 멀어지면 더 속인다. 이번에는 실험을 변형했다. 이번에는 상금을 현금 대신 토큰으로 주고, 토큰을 나중에 현금으로 바꾸게 했다. 부정행위가 두 배로 늘었다. 토큰은 돈이 아니니까. 토큰을 속이는 것은 돈을 속이는 것보다 덜 나쁘게 느껴진다.

실생활에서도 마찬가지다. 회사 물품을 집에 가져오는 것은 현금을 훔치는 것보다 쉽게 정당화된다. 보험 청구를 부풀리는 것도 그렇다. 보험회사는 얼굴 없는 기관이니까. 세금을 속이는 것도, 온라인 불법 다운로드도 같은 원리다. 돈이 직접 보이지 않으면 자기 정당화가 쉬워진다.

우리 모두 약간은 속인다. 문제는 그 "약간"이 쌓인다는 것이다. 행동하기 전에 질문하라. "이것을 남에게 당당히 말할 수 있는가?" 특히 돈이 직접 보이지 않을 때 조심하라. 경비 보고, 회사 물품, 추상적 거래. 자기 정당화가 쉬워지는 곳이 바로 위험지대다.

선택의 문을 열어두다

애리얼리의 또 다른 발견. 우리는 선택지를 닫는 것을 두려워한다.

실험: 세 개의 문

컴퓨터 게임을 만들었다. 화면에 세 개의 문이 있다. 문을 클릭하면 방에 들어가고, 클릭할 때마다 돈을 번다. 방마다 보상이 다르다. 목표는 100번의 클릭으로 최대한 많은 돈을 버는 것. 최적 전략은 간단하다. 가장 보상이 높은 방을 찾고, 거기서 계속 클릭하면 된다. 변형을 추가했다. 15번 클릭하지 않은 문은 사라진다.

100번의 클릭

결과는 어땠을까? 사람들은 문이 사라지는 것을 막으려고 비효율적으로 돌아나녔다. 보상이 낮은 방노 유지하려고. 결과석으로 더 적은 돈을 벌었다. 문이 사라지지 않는 버전에서는 최적 전략을 잘 찾았다. 하지만 사라진다고 하면 비합리적으로 행동했다.

"문을 닫는 것은 손실로 경험된다. 사람들은 그 손실의 감정을 피하기 위해 대가를 기꺼이 지불한다."

— 댄 애리얼리

실생활에서도 마찬가지다. 두 명과 동시에 썸을 탄다. 한 명을 선택해야 하는데, 못 한다. 선택지를 닫기 싫어서. 구직에 있어서도 마찬가지다. 두 가지 커리어 방향을 열어둔다. 하나에 집중해야 성공하는데, 못 한다. 여러 프로젝트를 조금씩 한다. 하나에 올인해야 하는데, 다른 것을 포기 못 한다. 문을 열어두는 데 비용이 든다. 에너지가 분산된다. 하지만 문을 닫는 것이 너무 아프다.

모든 문을 열어둘 수 없다. 열어두려는 것 자체가 비용이다. 어떤 문을 닫을지 결정하라. "이 선택지를 유지하는 비용은 무엇인가?" 포기의 아픔을 감수하고 집중하라. 닫힌 문 뒤에 더 좋은 것이 있을 수도 있지만, 모든 문 앞에서 머뭇거리면 아무것도 못 얻는다.

실전: 마케팅에서의 비합리성

....

마케터들은 애리얼리의 연구를 잘 안다.

- 미끼 효과: 팔고 싶은 옵션 옆에 조금 열등한 미끼를 둔다. 스트리밍 구독을 보자. 베이직 9,900원, 스탠다드 13,900원, 프리미엄 14,900원. 스탠다드는 프리미엄을 가치 있게 보이게 만드는 미끼다. 1,000원만 더 내면 프리미엄인데 왜 스탠다드를 사겠는가?

- 무료의 힘: "무료 배송", "1+1", "무료 샘플". 무료라는 단어가 합리적 판단을 마비시킨다.

- 앵커링: 원래 가격을 먼저 보여준다. "원가 100만원 → 할인가 50만원". 50만원이 저렴해 보인다.

- 소유 효과: "30일 무료 체험", "마음에 안 들면 환불". 일단 소유하게 만든

다. 반납하기 어렵다.

- 사회적 증거 + 기대: "베스트셀러", "100만 명이 선택한". 기대를 만들어 경험을 바꾼다.

마케팅 메시지를 볼 때, 애리얼리의 연구를 떠올려라. "어떤 비합리성을 자극하려는 것인가?" 미끼인가? 무료 함정인가? 앵커인가? 인식하면 저항할 수 있다.

인간의 조건 : 애리얼리의 비합리성 예측술

내일도 당신은 선택할 것이다. 쇼핑에서는 무엇을 살까 선택하고, 직장에서는 어떤 안을 선택할까 결정을 내릴 것이다. 관계에서도 마찬가지다. 우리는 그 선택들이 합리적이라고 생각할 것이다. 하지만 애리얼리가 보여줬듯, 대부분은 아니다. 비교에 속고, 무료에 끌리고, 기대에 조종당하고, 소유에 집착하고, 선택지를 놓지 못한다. 이것을 아는 것만으로도 절반은 해결된다. 판단하기 전에 멈춰라. "지금 어떤 비합리성이 작동하고 있는가?" 미끼가 보이는가? 무시하라. 무료에 흥분하는가? 식혀라. 내 것이라서 과대평가하는가? 객관화하라. 선택지를 닫기 두려운가? 닫아라.

우리는 완벽하게 합리적으로 살 수 없다. 그것은 인간의 조건이다. 하지만 예측 가능하게 비합리적이라면, 그 예측을 활용할 수 있

다. 애리얼리가 그린 지도를 들고 가라. 어디서 넘어지는지 알면, 덜
넘어진다.

애리얼리 더 읽기

- 『**상식 밖의 경제학**』 애리얼리의 대표작   난이도 ★★☆☆☆
- 『**거짓말하는 착한 사람들**』 정직과 부정행위 연구   난이도 ★★☆☆☆
- 『**경제 심리학**』 돈과 관련된 비합리성   난이도 ★★☆☆☆

Dan
Ariely

미셸의 마시멜로 실험

참을 수 있는 자가 이긴다

04

Walter Mischel

만족 지연. 지금의 유혹을 이기고 더 큰 미래를 선택하는 능력. 이러한 자기 통제는 타고나는 것이 아니다. 기술이고, 그렇기 때문에 배울 수 있다. 단순한 마시멜로지만 그 앞에서 어떻게 생각하느냐가 결국 한 사람의 운명을 바꾼다. 미셸의 심리학을 배운다는 것은 '마시멜로 실험'을 아는 게 아니다. 미셸처럼 자기 통제를 전략적으로 보는 것이다.

15분의 고문

....

1960년대 후반, 스탠퍼드 대학교 빙 유치원. 네 살짜리 아이가 방에 앉아 있다. 테이블 위에 마시멜로 하나가 놓여 있다. 달콤하고, 부드럽고, 먹음직스럽다.

연구자가 아이에게 말한다. "나는 잠깐 나갔다 올게. 이 마시멜로를 지금 먹어도 돼. 하지만 내가 돌아올 때까지 기다리면, 마시멜로를 하나 더 줄게. 두 개를 먹을 수 있어." 연구자가 나간다. 문이 닫히고, 아이는 마시멜로와 함께 혼자다. 15분. 어떤 아이는 문이 닫히자마자 마시멜로를 입에 넣는다. 1초도 안 기다린다. 어떤 아이는 몇 분 버티다 포기한다. 마시멜로를 만지작거리다가, 냄새 맡다가, 결국 먹는다. 어떤 아이는 15분을 버틴다. 어떻게? 숨겨진 카메라가 포착한 장면들. 아이들은 각자의 전략을 썼다.

눈을 가린다. 안 보면 덜 먹고 싶다. 노래를 부른다. 주의를 딴 데로 돌린다. 의자를 돌려 마시멜로를 등지고 앉는다. 마시멜로를 구름이라고 상상한다. 잠을 자려고 한다. 15분이 지났다. 연구자가 돌아온다. 기다린 아이는 마시멜로 두 개를 받는다. 기다리지 못한 아이는 빈 접시 앞에 앉아 있다. 단순한 실험이었다. 하지만 그 결과는 심리학을 바꿨다.

미셸, 의지력의 비밀을 파헤치다

·········

월터 미셸은 오스트리아 빈 태생의 심리학자다. 그는 성격 심리학의 혁명가였다. 기존 심리학은 성격이 고정되어 있다고 봤다. 성실한 사람은 어디서나 성실하게 행동한다고. 미셸은 달랐다. 상황이 중요하다. 같은 사람도 상황에 따라 다르게 행동한다. 마시멜로 실험은 원래 아이들의 만족 지연 능력을 연구하려던 것이었다. 몇 살부터 기다릴 수 있는가? 어떻게 기다리는가? 하지만 미셸은 더 흥미로운 것을 발견했다. 기다린 아이와 기다리지 못한 아이. 그 차이가 무엇인가? 그리고 그 차이가 미래에 어떤 영향을 미치는가?

놀라운 후속 연구: 네 살이 인생을 예측한다?

·········

실험은 1960년대 말에 시작됐다. 진짜 놀라운 일은 수십 년 후에 일어났다. 미셸은 실험 참가자들을 추적했다. 그들이 청소년이 되고, 성인이 되고, 중년이 됐을 때. 놀라운 패턴이 나타났다. 네 살 때 기다린 아이들이 수십 년 후에도 더 나은 결과를 보였다. 학업 성취, 자기조절 능력, 스트레스 대처. 상관관계가 발견됐다. 2011년, 40년이 지난 후 fMRI로 뇌를 스캔했다. 기다린 그룹과 기다리지 못한 그룹의 뇌가 달랐다. 전전두엽 피질과 복측 선조체의 활동 패턴이 달랐다. 생물학적 차이까지 확인됐다. 미셸의 연구는 센세이션을 일으켰다. "마시멜로 테스트"는 전 세계적으로 유명해졌다. 자기 통제가 성공의 열쇠라는 메시지. 네 살의 15분이 정말 인생을 예측하는가? 초기 연구들은 놀랍도록 강력한 상관관계를 보여줬다.

뜨거운 시스템 vs 차가운 시스템

·········

미셸은 발견했다. 자기 통제는 두 시스템의 싸움이다.

- 뜨거운 시스템Hot System – 감정적, 충동적, 즉각적.

"지금 먹고 싶어!" "당장 원해!" "참을 수 없어!"

뜨거운 시스템은 빠르다. 자동적이다. 진화적으로 오래됐다. 생존에 필수였다. 음식이 있으면 바로 먹어야 했다. 내일은 없을 수 있으니까.

- 차가운 시스템Cool System – 인지적, 전략적, 지연적.
  "기다리면 더 많이 받아." "장기적으로 생각해." "계획이 있어."
  차가운 시스템은 느리다. 노력이 필요하다. 진화적으로 최근에 발달했다. 전전두엽 피질에 기반한다.

"뜨거운 시스템에서는 자극이 우리를 지배하지만, 차가운 시스템에서는 우리가 자극을 지배한다"

— 『마시멜로 테스트』

네 살짜리의 뇌는 아직 발달 중이다. 전전두엽 피질이 완성되지 않았다. 차가운 시스템이 약하다. 그래서 마시멜로를 참기 어렵다. 뜨거운 시스템이 압도한다. 하지만 어떤 아이들은 참았다. 어떻게? 전략을 썼다. 차가운 시스템을 의도적으로 활성화했다. 성인도 마찬가지다. 성인의 전전두엽 피질은 완성됐다. 하지만 뜨거운 시스템은 여전히 강하다. 스트레스, 피로, 감정적 흥분. 이런 상태에서 뜨거운 시스템이 우세해진다. "다이어트는 내일부터", "이번 한 번만", "나중에 후회해도 지금 하고 싶어".

자기 통제의 전략들

·········

미셸은 깨달았다. 자기 통제는 타고나는 것이 아니다. 기술이다. 전략을 쓰면 된다. 그는 기다린 아이들이 쓴 전략을 분석했다. 그리고 실험으로 검증했다.

전략 1: 주의 분산

유혹에서 주의를 돌린다. 마시멜로를 보지 않고 다른 것을 생각한다. 노래를 부르거나 손가락을 센다. 실험으로 검증했다. 아이들에게 "재미있는 것을 생각해"라고 지시하면 기다리는 시간이 두 배로 늘어났다.

적용 : 다이어트 중 과자 생각이 나면, 다른 활동을 한다. 산책, 전화, 책처럼 생각 자체를 바꾼다.

전략 2: 물리적 거리두기

유혹을 멀리 둔다. 마시멜로를 등지고 앉는다. 테이블 끝으로 밀어둔다. 접시로 덮는다. 실험으로 검증했다. 마시멜로가 보이지 않으면 기다리는 시간이 세 배로 늘어났다.

적용: 과자를 높은 선반에 둔다. 스마트폰을 다른 방에 둔다. 유혹을 눈에서 멀리한다.

전략 3: 인지적 재평가 (뜨거운 것을 차갑게)

유혹을 다르게 생각한다. 마시멜로를 구름이라고 상상한다. 먹는 것이 아니라 보는 것. 사진이라고 생각한다.

"대상을 어떻게 인지적으로 표상하느냐가 욕구의 강도를 결정한다. 뜨거운 속성(맛, 냄새)에 집중하면 참기 어렵다. 차가운 속성(모양, 추상적 특성)에 집중하면 참기 쉽다."

—『마시멜로 테스트』

적용: 담배가 피우고 싶을 때, 담배의 쾌감을 생각하면 참기 어렵다. 추상적 해로움(폐암 통계, 의료비)을 떠올리면 비교적 참기 쉽다.

전략 4: 만약-그러면 계획 If-Then Plan

미리 계획을 세운다. "만약 X 상황이 오면, 그러면 Y를 한다." 마시멜로 실험에서 몇몇 아이들은 자발적으로 스스로에게 말했다. "기다리면 둘 다 받아. 안 기다리면 하나만 받아." 이런 자기 대화가 도움이 됐다. 의지력이 필요한 순간에 자동 반응을 만들어두는 것이다.

적용: "만약 알람이 울리면, 그러면 바로 일어나 양치한다.", "만약 SNS 앱을 열고 싶어지면, 그러면 심호흡 세 번 하고 다시 생각한다."

INSIGHT

자기 통제는 의지력의 문제가 아니다. 전략의 문제다. 유혹 앞에서 즉석으로 버티려 하지 마라. 미리 전략을 세워라. 주의 분산, 물리적 거리, 인지적 재평가, 만약-그러면 계획. 전략이 의지력을 대신한다.

비판과 재해석: 마시멜로만의 문제가 아니다

마시멜로 실험은 유명해졌지만, 비판도 받았다.

비판 1: 표본이 작고 특수하다

실험 참가자는 스탠퍼드 대학교 유치원 아이들이었다. 대부분 교수 자녀였고 백인이며 중산층 이상이었다. 이 결과가 모든 아이에게 적용되는가?

비판 2: 사회경제적 배경이 더 중요하다

이후 더 다양한 표본에서의 재현 연구에서도 만족 지연과 이후 성공의 상관관계가 있었다. 하지만 사회, 경제적 배경을 통제하자 상관관계가 크게 줄어들었다. 해석해보자. 사실 부유한 가정의 아이가 가난한 가정의 아이보다 기다리기 쉬울 가능성이 높다. 약속이 지켜질 것을 신뢰하기 때문이다. 내일 마시멜로가 있을 것을 안다. 가난한 가정의 아이는? 지금 먹는 것이 합리적일 수 있다. 내일은 불확실하니까. 또한 부유한 가정의 아이는 이후에도 더 많은 자원을 갖는다. 교육, 기회, 네트워크. 마시멜로를 기다려서가 아니라, 배경 때문에 성공한 것일 수 있다. 자기 통제는 중요하다. 하지만 그것만이 성공을 결정하지 않는다. 환경, 자원, 기회도 중요하다.

비판 3: 신뢰가 중요하다

로체스터 대학교 연구에서는 실험 전에 아이들과 상호작용했다.

- 그룹 A: 연구자가 약속을 지킴. 크레용을 가져다주겠다고 했고, 가져다줌.
- 그룹 B: 연구자가 약속을 어김. 크레용을 가져다주겠다고 했지만, 가져다주지 않음.

이후 마시멜로 실험 결과는 어땠을까?

- 그룹 A: 평균 12분 기다림

- 그룹 B: 평균 3분 기다림

신뢰할 수 있는 환경에서 아이들은 네 배나 더 오래 기다렸다. "기다리면 정말 두 개 줄까?"가 확실하면 기다린다. 가난한 환경, 불안정한 환경에서 자란 아이는 "기다려도 안 줄 수 있어"를 학습했을 수 있다. 그렇다면 지금 먹는 것이 합리적이다.

미셸은 비판을 수용했다. 자기 통제가 전부가 아니라는 것을 인정했다. 하지만 핵심 발견은 유효하다고 주장했다. 자기 통제 전략은 배울 수 있다. 그리고 전략을 쓰면 결과가 달라진다. 환경이 중요하다. 하지만 같은 환경에서도 전략을 쓰는 아이와 안 쓰는 아이는 다르다.

INSIGHT

자기 통제 능력은 중요하지만 전부가 아니다. 환경, 신뢰, 자원도 중요하다. "기다리지 못하는" 사람을 탓하기 전에, 그들의 환경을 봐라. 동시에, 어떤 환경에서도 전략은 도움이 된다.

의지력 고갈: 근육처럼 지친다

....

미셸의 연구와 관련된 또 다른 발견이 있다. 의지력은 고갈된다.

바우마이스터 교수는 "자아 고갈^{Ego Depletion}" 이론을 제시한다.

실험: 참가자들을 두 그룹으로 나눴다.

- 그룹 A: 초콜릿 쿠키와 무 앞에 앉아 있어라. 쿠키를 참고 무만 먹어라.
- 그룹 B: 마음대로 먹어라.

그 후, 어려운 퍼즐을 풀게 했다.

- 그룹 A (의지력 사용): 평균 8분 만에 포기
- 그룹 B (의지력 안 씀): 평균 19분 버팀

쿠키를 참느라 의지력을 썼더니, 퍼즐에 쓸 의지력이 부족해진 것이다.

의지력은 제한된 자원이다. 하루 종일 자기 통제를 요구하는 일을 하면, 저녁에 의지력이 바닥난다. 그래서 밤에 폭식하고, 충동 구매하고, 후회할 말을 한다.

최근 논쟁

자아 고갈 이론은 최근 재현 실패로 논쟁 중이다. 일부 연구에서 효과가 재현되지 않았다. 하지만 많은 심리학자들은 여전히 의지력이 어느 정도 제한적이라고 본다. 무한하지는 않다는 것이다.

의지력을 과신하지 마라. 하루에 쓸 수 있는 양이 있다. 중요한 곳에 아껴 써라. 그리고 의지력에 의존하기보다 환경을 바꿔라. 유혹을 제거하면 의지력이 필요 없다.

아이에게 자기 통제 가르치기

·········

미셸의 연구가 부모들에게 주는 교훈은 무엇일까? 가르칠 수 있다는 것이다. 자기 통제는 타고나는 것이 아니다. 전략이다. 전략은 가르칠 수 있다.

방법 1: 전략을 알려줘라

"마시멜로가 먹고 싶으면, 다른 것을 생각해봐."

"화가 나면, 열까지 세봐."

"하기 싫으면, 5분만 해보자고 스스로 말해봐."

방법 2: 신뢰를 쌓아라

약속을 지켜라. "기다리면 보상이 온다"를 경험하게 하라. 신뢰가 있어야 기다린다.

방법 3: 작은 성공 경험을 줘라

처음부터 15분을 기다리게 하지 마라. 1분부터 시작해서 늘려가라. 성공 경험이 자신감을 만든다.

방법 4: 뜨거운 상황을 피하게 도와줘라

유혹 앞에 세워두고 "참아"라고 하는 것은 잔인하다. 유혹을 제거하거나, 거리를 두게 도와라.

방법 5: 모델링하라

부모 자신이 자기 통제를 보여줘라. 아이는 본다. 부모가 화를 어떻게 다루는지. 유혹을 어떻게 다루는지.

INSIGHT

아이에게 "참아"라고만 하지 마라. 어떻게 참는지 가르쳐라. 전략을 알려주고, 연습시키고, 성공을 경험하게 하라. 그리고 약속을 지켜서 신뢰를 쌓아라.

참는 아이 : 미셸의 만족 지연술

네 살짜리도 전략을 쓰면 15분을 버틴다. 우리도 할 수 있다. 지금의 달콤함과 나중의 보상. 무엇을 선택하겠는가?

• 『마시멜로 테스트』 미셸이 직접 쓴 자기 통제의 과학　　　　난이도 ★★☆☆☆

캐럴 드웩의
성장 마인드셋

믿음이 능력을 만든다

05

Carol S. Dweck

똑똑하다는 것은 축복인가, 저주인가? 캐럴 드웩은 충격적인 사실을 발견했다. "넌 똑똑해"라는 칭찬이 아이를 망칠 수 있다. 왜? 그 칭찬이 특정 믿음을 심기 때문이다. 능력은 고정되어 있다는 믿음. 이 믿음을 가진 사람은 도전을 피한다. 실패를 두려워한다. 노력을 부끄러워한다. 반대의 믿음이 있다. 능력은 자란다. 이 믿음을 가진 사람은 도전을 환영한다. 실패에서 배운다. 노력을 즐긴다. 드웩은 이것을 '마인드셋'이라 불렀다. 당신이 자신에 대해 무엇을 믿느냐가, 당신이 무엇이 되느냐를 결정한다. 드웩의 심리학을 안다는 것은 '마인드셋' 단어를 아는 게 아니다. 드웩처럼 능력에 대한 믿음을 의식하는 것이다.

두 종류의 학생

....

1990년대, 컬럼비아 대학교. 캐럴 드웩의 연구실에서 수백 명의 아이들이 퍼즐을 풀었다. 첫 번째 라운드는 비교적 쉬운 문제라서 대부분 잘 풀었다. 그리고 아이들을 두 그룹으로 나눴다. 같은 점수를 받은 아이들에게 다른 피드백을 줬다.

- 그룹 A: "와, 8문제나 맞았네. 정말 똑똑하구나."
- 그룹 B: "와, 8문제나 맞았네. 정말 열심히 했구나."

한 문장 차이였다. '똑똑하다' vs '열심히 했다'. 두 번째 라운드에는 아이들에게 선택권을 줬다. 쉬운 문제를 풀 것인가, 어려운 문제를 풀 것인가.

- "똑똑하다" 칭찬을 받은 아이들: 대부분 쉬운 문제를 선택했다.
- "열심히 했다" 칭찬을 받은 아이들: 대부분 어려운 문제를 선택했다.

왜? "똑똑하다"고 들은 아이는 생각했다. '나는 똑똑해. 그걸 증명해야 해. 어려운 문제에서 틀리면 똑똑해 보이지 않아.' 그래서 안전한 선택을 했다. "열심히 했다"고 들은 아이는 생각했다. '노력이 중요해. 어려운 문제를 풀면 더 배울 수 있어.' 그래서 도전을 선택했다. 세 번째 라운드에는 모두에게 아주 어려운 문제를 줬다. 대부분 실패했다. 그 후 네 번째 라운드. 다시 쉬운 문제가 나왔다.

- "똑똑하다" 그룹: 성적이 떨어졌다. 처음보다 20% 낮은 점수.
- "열심히 했다" 그룹: 성적이 올랐다. 처음보다 30% 높은 점수.

같은 아이들이었고 받은 칭찬만 달랐다. 그런데 결과가 이렇게 달랐다.

드웩, 믿음의 힘을 발견하다

·········

캐럴 드웩은 미국의 심리학자다. 동기 이론과 성격 심리학의 권위자다. 그녀의 연구는 개인적 질문에서 시작됐다. 어린 시절, 그녀의 6학년 선생님은 학생들을 IQ 순으로 앉혔다. IQ가 높은 학생이 앞자리. 드웩은 앞자리였다. 하지만 그것이 축복이 아니었다. 그녀는 말한다. "나는 항상 증명해야 했다. 똑똑하다는 것을. 실패하면 그 자리를 잃을까 봐 두려웠다." 대학원에서 그녀는 질문을 품었다. 왜 어떤 사람들은 실패 앞에서 무너지고, 어떤 사람들은 더 강해지는가? 수십 년의 연구 끝에 답을 찾았다. 능력에 대한 '믿음'이 달랐다.

두 가지 마인드셋

드웩의 핵심 발견. 사람들은 능력에 대해 두 가지 다른 믿음을 가진다.

고정 마인드셋 Fixed Mindset

능력은 고정되어 있다고 믿는다. 타고난다. 바뀌지 않는다.

- "나는 수학을 못해." (그리고 영원히 못할 것이다.)

- "나는 원래 이런 사람이야." (바뀔 수 없다.)

- "재능이 있거나 없거나." (노력은 별 의미 없다.)

"고정 마인드셋에서 모든 상황은 평가다. 나는 성공할 것인가 실패할 것인가? 똑똑해 보일 것인가 바보처럼 보일 것인가?"

— 『마인드셋』

성장 마인드셋 Growth Mindset

능력은 자랄 수 있다고 믿는다. 노력과 학습으로 발전한다.

- "나는 아직 수학을 잘 못해." (하지만 배울 수 있다.)

- "나는 변할 수 있어." (노력하면.)

- "재능은 시작점일 뿐." (노력이 결과를 만든다.)

"고정 마인드셋은 당신이 어떻게 평가받을지에 관심을 갖게 하지만 성장 마인드셋은 당신이 어떻게 향상될지에 관심을 갖게 한다."

—『마인드셋』

	고정 마인드셋	성장 마인드셋
능력	고정됨, 타고남	발전 가능, 학습됨
도전	피함(실패 두려움)	환영함 (성장 기회)
실패	정체성 위협("나는 실패자")	학습기회 ("아직 못 했을 뿐")
노력	부끄러움("재능이 없다는 증거")	필수 ("성장의 경로")
비판	무시하거나 방어	경청하고 반영
타인의 성공	위협	영감

INSIGHT

당신은 어떤 마인드셋인가? 상황에 따라 다를 수 있다. 어떤 영역에서는 성장, 어떤 영역에서는 고정. 자신의 마인드셋을 인식하는 것이 첫걸음이다.

도전에 대한 반응: 회피 vs 포용

마인드셋은 도전 앞에서 드러난다. 먼저 고정 마인드셋의 논리는 이렇다. "내 능력은 고정되어 있다. 도전에서 실패하면 내 능력이 부족하다는 것이 드러난다. 그것은 견딜 수 없다. 그러니 도전을 피하자. 내가 잘하는 것만 하자." 결과적으로 안전한 선택만을 하게 된다. 성장은 없고 잠재력이 낭비된다. 성장 마인드셋의 논리는 이렇다. "내 능력은 자랄 수 있다. 도전은 성장의 기회다. 실패해도 배울 수 있다. 실패는 내가 누구인지를 말해주지 않는다. 그러니 도전하자." 결과적으로 위험을 감수한다. 성장하며 잠재력을 실현하게 된다.

실험: 뇌파 연구

드웩의 연구팀은 참가자들의 뇌파를 측정했다. 어려운 문제를 풀고 피드백을 받을 때.

- 고정 마인드셋 참가자: 정답 여부(성공/실패)에 주의 집중. "맞았나? 틀렸나?"
- 성장 마인드셋 참가자: 정답 이후 설명에 주의 집중. "왜 틀렸지? 어떻게 하면 되지?"

같은 피드백을 받아도 뇌가 다르게 처리했다.

INSIGHT

도전 앞에서 당신의 첫 반응은 무엇인가? "안 될 것 같아"인가, "해볼 만해"인가? 그 반응이 마인드셋을 드러낸다. 반응은 바꿀 수 있다.

실패에 대한 반응: 정체성 vs 사건

마인드셋은 실패를 어떻게 해석하느냐를 결정한다.

고정 마인드셋의 실패

고정 마인드셋에서 실패는 곧 "나는 실패자"가 된다. 한 번의 실패가 정체성이 되어버린다. 시험에 떨어지면 "나는 멍청해"가 된다. 면접에서 탈락하면 "나는 능력이 없어"가 된다. 관계가 끝나면 "나는 사랑받을 자격이 없어"가 된다. 실패가 자기 가치 전체를 위협하기 때문에, 이들은 실패를 피하려 한다. 그리고 실패하면 무너진다.

성장 마인드셋의 실패

성장 마인드셋에서 실패는 "아직 성공하지 못한 것"이다. 실패는 사건이지 정체성이 아니다. 시험에 떨어지면 "다음엔 다르게 준비해야지"라고 생각한다. 면접에서 탈락하면 "피드백을 받아서 개선하자"고 생각한다. 관계가 끝나면 "무엇을 배울 수 있을까"를 묻는다. 실패가 정보가 된다. 다음에 어떻게 할지 알려주는 데이터로 작동하는 것이다.

"성장 마인드셋을 가진 사람들에게 실패는 고통스럽다. 하지만 그것이 그들을 정의하지 않는다. 실패는 직면하고, 다루고, 배워야 할 문제다."

— 『마인드셋』

마이클 조던의 예를 보자. 조던은 역사상 최고의 농구 선수다.

"나는 커리어 동안 9천 번 이상의 슛을 놓쳤다. 거의 300경기를
졌다. 26번 경기를 결정짓는 슛을 맡았고 실패했다. 나는 인생에
서 계속해서, 계속해서, 계속해서 실패했다. 그것이 내가 성공한
이유다."

— 마이클 조던

그는 고등학교 농구팀에서 잘렸다. 고정 마인드셋이었다면? "난
농구 재능이 없어." 포기했을 것이다. 하지만 그는 더 연습했다. 실패
를 연료로 삼았다.

노력에 대한 태도: 부끄러움 vs 자부심

....

마인드셋은 노력을 어떻게 보느냐를 결정한다.

고정 마인드셋에서 노력

고정 마인드셋에서 노력은 재능 부족의 증거다. "진짜 똑똑한 사람은 노력 안 해도 잘해." "열심히 해야 한다는 건 재능이 없다는 거야." "천재는 자연스럽게 해." 그래서 노력을 숨긴다. 시험 끝나고 "별로 공부 안 했어"라고 말한다. 사실은 밤새 했으면서도 노력하는 모습 자체가 부끄럽기 때문이다.

성장 마인드셋에서 노력

성장 마인드셋에서 노력은 성장의 경로다. 노력하면 나아진다고 믿는다. 열심히 하는 것이 당연하다고 생각한다. 천재도 노력한다는 걸 안다. 이들은 노력을 자랑스러워한다. 노력하는 과정 자체에서 의미를 찾는다.

연구: 노력과 결과

드웩의 연구. 어려운 과제 후 아이들에게 물었다. "다음에 어떻게 하겠어?"

- 고정 마인드셋 아이들: "다음엔 공부 안 할래." "컨닝할 거야." "나보다 못한 애랑 비교할 거야."

- 성장 마인드셋 아이들: "더 열심히 할 거야." "다른 방법을 시도할 거야." "도움을 구할 거야."

실패 후 전략이 완전히 달랐다.

노력을 어떻게 보는가? 부끄러운 것인가, 당연한 것인가? 노력 없이 성공하는 것이 대단한가, 노력해서 성공하는 것이 대단한가? 노력에 대한 태도를 점검하라.

칭찬의 과학: 무엇을 칭찬할 것인가

드웩의 연구가 육아와 교육에 던진 가장 큰 질문이 있다. 어떻게 칭찬해야 하는가?

능력 칭찬 vs 과정 칭찬

능력 칭찬은 이렇게 말한다. "넌 정말 똑똑해." "넌 재능이 있어." "넌 천재야." 과정 칭찬은 이렇게 말한다. "정말 열심히 했구나." "좋은 전략이었어." "포기하지 않았구나."

능력 칭찬의 문제

물론 의도는 좋다. 아이의 자존감을 높여주려는 것이다. 하지만 역효과가 난다. "넌 똑똑해"를 들은 아이는 이렇게 생각한다. '나는 똑똑해야 해.' 똑똑함이 정체성이 된다. '똑똑함을 증명해야 해.' 압박이 생긴다. '실패하면 똑똑하지 않다는 거야.' 두려움이 자란다. '노력하면 똑똑하지 않다는 증거야.' 노력을 기피하게 된다. 결국 도전을 피하고, 실패를 두려워하고, 노력을 숨긴다.

과정 칭찬의 효과

반면 "정말 열심히 했구나"를 들은 아이는 다르게 생각한다. '노력이 중요해.' 성장 마인드셋이 형성된다. '더 노력하면 더 잘할 수 있어.' 희망이 생긴다. '실패해도 더 노력하면 돼.' 회복력이 자란다. '노력하는 것이 당연해.' 건강한 태도가 만들어진다. 이 아이는 도전을 환영하고, 실패에서 배우고, 노력을 자랑스러워한다.

"우리가 아이들에게 하는 모든 말과 행동이 메시지를 전달한다. 그 메시지는 '너는 고정된 특성을 가진 존재야, 내가 평가할 거야'일 수도 있고, '너는 발전하는 존재야, 나는 너의 발전에 관심이 있어'일 수도 있다."

— 『마인드셋』

구체적 칭찬 가이드

이렇게 말하지 말고	이렇게 말하라
"넌 똑똑해"	"열심히 생각했구나"
"넌 재능이 있어"	"연습이 효과가 있네"
"넌 천재야"	"좋은 전략을 썼구나"
"넌 자연스럽게 잘해"	"노력한 보람이 있네"
"넌 최고야"	"많이 성장했구나"

INSIGHT

칭찬할 때 '재능'이 아니라 '과정'을 칭찬하라. 결과보다 노력, 전략, 끈기를 인정하라. 이것은 아이에게만 적용되지 않는다. 직원, 동료, 자기 자신에게도.

실전: 교육에서의 마인드셋

드웩의 연구는 교육을 바꿨다.

"아직"의 힘

어떤 학교들이 성적표를 바꿨다. "F(낙제)" 대신 "아직 안 됨Not Yet". "넌 실패했어"가 아니라 "넌 아직 거기 도달하지 않았어". 미묘한 차이지만 메시지가 다르다. 실패는 끝이 아니라 과정이다.

교사의 믿음

교사가 학생의 능력이 고정되어 있다고 믿으면, 학생도 그렇게 믿게 된다. 반대로 교사가 학생이 성장할 수 있다고 믿으면, 학생도 그렇게 믿는다. 교사의 마인드셋이 학생에게 그대로 전달되는 것이다. 일부 학교에서 성장 마인드셋을 직접 가르치기 시작했다. 학생들에게 이렇게 말한다. "뇌는 근육처럼 발달한다. (신경가소성) 어려운 것을 배울 때마다 뇌가 자란다. 실수는 배움의 기회이며, 노력이 곧 능력을 만든다." 연구 결과는 분명했다. 이런 교육을 받은 학생들의 성장이 향상됐다. 특히 "자신이 똑똑하지 않다"고 믿던 학생들에게서 큰 변화가 나타났다.

실전: 직장에서의 마인드셋

....

마인드셋은 개인만의 문제가 아니다. 조직 전체가 마인드셋을 갖는다.

고정 마인드셋 조직

고정 마인드셋 조직은 "스타"를 찾는다. 타고난 재능을 가진 사람을 영입하려 한다. 이런 조직에서 실패는 무능의 증거다. 숨겨야 한다. 분위기는 경쟁적이다. 남보다 나아야 살아남는다. 피드백은 두렵다. 평가이기 때문이다. 변화는 저항의 대상이다. "우린 원래 이래."

성장 마인드셋 조직

성장 마인드셋 조직은 "잠재력"을 본다. 발전 가능성을 중요하게 여긴다. 이런 조직에서 실패는 숨기는 게 아니라 공유하는 것이다. 학습의 원천이다. 분위기는 협력적이다. 함께 성장한다. 피드백은 환영받는다. 성장의 도구이기 때문이다. 변화도 포용한다. "우린 발전할 수 있어."

리더의 마인드셋

드웩은 고정 마인드셋 CEO와 성장 마인드셋 CEO를 비교 연구했다. 고정 마인드셋 CEO는 자신의 천재성을 증명하려 한다. 주변에 예스맨을 두고, 실패하면 남 탓을 한다. 회사는 자신의 자아를 확장하는 수단이다. 성장 마인드셋 CEO는 회사와 직원의 발전에 집중한다. 다양한 의견을 구하고, 실패에서 배운다. 무엇보다 겸손하다.

INSIGHT

당신의 조직은 어떤 마인드셋인가? 실패가 어떻게 다뤄지는가? 피드백이 어떻게 오가는가? 리더로서 당신은 어떤 마인드셋을 전파하고 있는가?

실전: 관계에서의 마인드셋

....

관계에도 마인드셋이 작용한다.

고정 마인드셋의 관계

"우리는 딱 둘 중 하나야. 맞거나, 안 맞거나." 고정 마인드셋을 가진 사람들은 소울메이트라는 환상을 믿는다. 어딘가에 완벽한 파트너가 있고, 찾기만 하면 된다고 생각한다. 진정한 사랑이라면 노력 없이도 모든 것이 자연스러워야 한다고 믿는다.

갈등이 생기면 어떻게 할까? "우린 안 맞아."라고 결론 내리고 관계를 끝낸다. 혹은 문제를 덮어두고 없는 척한다. 상대의 결점이 보이면 "이 사람은 원래 이래. 안 바뀔 거야"라고 생각하며 포기한다.

성장 마인드셋의 관계

"관계는 노력으로 발전한다."

성장 마인드셋을 가진 사람들은 완벽한 파트너 같은 건 없다고 생각한다. 함께 성장하는 파트너가 있을 뿐이며, 이는 노력을 필요로 한다.

　갈등이 생기면 "어떻게 해결할까?"라고 질문한다. 서로 소통하고 배운다. 상대의 결점이 보이면 "어떻게 함께 성장할까?"를 고민한다. 인내하고 지지한다. 드웩의 연구 결과, 관계에서 성장 마인드셋을 가진 사람들이 더 건강한 관계를 유지했다. 이들은 갈등을 더 효과적으로 해결했고, 장기적으로 더 높은 만족도를 보고했다.

INSIGHT

관계에서 문제가 생겼을 때, 가장 처음 떠오르는 생각이 "우린 안 맞아"인가 "어떻게 해결하지?"인가? 상대가 변할 수 있다고 믿는가, 없다고 믿는가? 당신이 가지고 있는 관계의 마인드셋을 점검하라.

마인드셋 바꾸기: 가능한가?

마인드셋은 바꿀 수 있다. 그것 자체가 성장 마인드셋적 믿음이다.

1단계: 인식

먼저 자신의 고정 마인드셋 목소리를 인식해야 한다. 도전 앞에서 "못할 것 같아. 창피당할 거야"라고 말하는 목소리, 실패 후에 "봐, 난 재능이 없어. 포기해"라고 속삭이는 목소리, 비판을 들을 때 "이건 공격이야. 방어해야 해"라고 경고하는 목소리, 타인이 성공할 때 "난 왜 저렇게 못하지? 질투나"라고 한탄하는 목소리. 이 목소리를 알아차리는 것이 첫걸음이다. "아, 고정 마인드셋이 말하고 있구나."

2단계: 선택

고정 마인드셋의 해석을 성장 마인드셋으로 바꿔라. "못할 것 같아"를 "어렵겠지만 배울 수 있어"로, "난 재능이 없어"를 "아직 충분히 연습 안 했어"로, "이건 공격이야"를 "유용한 정보가 있을 수 있어"로, "질투나"를 "저 사람에게서 배울 수 있어"로 바꾸는 것이다.

3단계: 행동

생각을 바꿨다면, 이제 성장 마인드셋에 맞는 행동을 선택해야 한다. 도전을 받아들이고, 실패 후 "무엇을 배웠지?"라고 묻는다. 피드백을 구하고, 노력을 투자하며, 타인의 성공에서 배운다.

4단계: 반복

마인드셋은 하루아침에 바뀌지 않는다. 습관이다. 새로운 패턴을 만들려면 반복해야 한다.

비판과 한계: 과잉 단순화의 위험

·········

성장 마인드셋은 교육과 심리학에 큰 영향을 미쳤다. 하지만 비판도 있다.

비판 1: 과잉 단순화

성장 마인드셋은 종종 왜곡됐다. "성장 마인드셋만 있으면 모든 게 해결된다"는 식으로. 하지만 현실은 복잡하다. 노력만으로 모든 것을 할 수 있는 건 아니다. 타고난 재능이 있다. 환경이 있다. 자원이 있다. 드웩 자신도 이를 인정한다. 노력만 강조해서는 안 된다. 적절한 전략과 도움, 자원도 필요하다.

비판 2: "가짜 성장 마인드셋"

드웩 자신이 가장 경계하는 문제다. 많은 사람들이 "나는 성장 마인드셋이야"라고 말한다. 하지만 실제로는 아닌 경우가 많다. 말로는 성장을 외치지만 행동은 고정적이다. 특정 영역에서만 성장 마인드셋을 보이고 다른 영역에서는 고정적이다. 아이에게는 성장 마인드셋을 가르치면서 정작 자신은 고정 마인드셋으로 산다. 드웩은 이런 태도를 "가짜 성장 마인드셋"이라 부르며 강하게 경고한다.

"성장 마인드셋으로 가는 길은 여정이지, 선언이 아니다."

― 캐럴 드웩

그렇다면 어떻게 받아들여야 할까. 성장 마인드셋은 만능 해결책이 아니다. 하지만 분명히 도움이 된다. 노력만으로 충분하지 않다. 효과적인 전략이 필요하다. 적절한 자원이 필요하다. 때로는 다른 사람의 도움도 필요하다. 그리고 성장 마인드셋은 "모든 것을 할 수 있다"는 의미가 아니다. "현재보다 나아질 수 있다"는 의미다. 아인슈타인이 될 수 없어도, 더 나은 자신이 될 수는 있다.

당신은 무엇을 믿겠는가? : 드웩의 마인드셋 전환술

....

칭찬받은 아이들을 기억하라. "똑똑하다"고 들은 아이는 도전을 피했다. "열심히 했다"고 들은 아이는 도전을 선택했다. 한 문장의 차이로 삶의 궤적이 바뀐다. 당신은 자신에게 어떤 문장을 말하고 있는가? 그리고 당신은 다른 사람에게 어떤 문장을 말하고 있는가? 믿음이 능력을 만든다. 당신은 무엇을 믿겠는가?

• 『마인드셋』 드웩의 대표작, 성장 마인드셋의 원전   난이도 ★★☆☆☆

Carol S.
Dweck

칙센트미하이의 몰입

행복은 몰입 속에 있다

06

Mihaly Csikszentmihalyi

행복은 어디서 오는가? 돈? 명예? 휴식? 칙센트미하이는 다른 답을 찾았다. 수십 년간 전 세계 사람들을 연구했다. 그들이 가장 행복한 순간은 언제였는가? 놀랍게도, 쉴 때가 아니었다. 완전히 몰입해 있을 때였다. 시간이 사라지고, 자의식이 사라지고, 오직 지금 이 순간만 존재하는 상태. 칙센트미하이는 이것을 '플로우Flow'라고 불렀다. 몰입. 최적의 경험. 행복은 찾는 것이 아니다. 만드는 것이다. 몰입이 그 방법이다. 칙센트미하이의 심리학을 안다는 것은 '플로우' 단어를 아는 게 아니다. 칙센트미하이처럼 경험의 질에 주목하는 것이다.

시간이 멈춘 외과의사

………

수술실. 외과의사가 환자의 가슴을 열었다. 심장이 뛰고 있다. 손에 메스가 있다. 밀리미터 단위의 정밀함이 필요하다. 한 번의 실수가 생명을 앗아간다. 5시간이 지났다. 수술이 끝났다. 의사가 장갑을 벗는다. 동료가 묻는다. "다리 안 아파요? 5시간 동안 서 있었잖아요." 의사가 놀란다. "5시간이요? 한 시간 정도 된 줄 알았는데." 그는 피곤하지 않았다. 배고프지도 않았디. 수술 중에는 아무것도 느끼시 못했다. 오직 환자의 심장, 손의 움직임, 딱 지금 이 순간만 있었다.

비슷한 이야기가 있다. 체스 선수가 말한다. "한 수를 두는 데 2시간이 걸렸는데, 5분처럼 느껴졌어요." 암벽 등반가가 말한다. "절벽에 매달려 있을 때, 저 자신이 사라져요. 바위와 하나가 돼요." 음악가가 말한다. "연주하다 보면 어느새 공연이 끝나 있어요. 그 사이에 무슨 일이 있었는지 기억도 안 나요." 작가가 말한다. "글을 쓰다 보면 밤이 새요. 시간 감각이 완전히 사라져요." 칙센트미하이는 이 현상에 주목했다. 전혀 다른 활동. 전혀 다른 사람들. 하지만 같은 경험을 말한다. 완전한 집중. 시간의 왜곡. 자의식의 소멸. 그리고 깊은 만족감. 그는 이것을 '플로우Flow'라고 이름 붙였다.

칙센트미하이, 행복의 비밀을 찾다

칙센트미하이는 헝가리 태생의 심리학자다. 제2차 세계대전 중 어린 시절을 보냈다. 전쟁의 폐허 속에서 어른들이 무너지는 것을 봤다. 재산을 잃고, 지위를 잃고, 삶의 의미를 잃은 사람들. 하지만 어떤 사람들은 달랐다. 모든 것을 잃고도 희망을 유지했다. 의미를 찾았다.

"환경과 상관없이 즐거움과 목적을 찾는 능력을 개발해야 한다."

—『몰입』

그는 심리학을 공부하러 미국으로 갔다. 시카고 대학교에서 박사 학위를 받고, 같은 대학에서 수십 년간 가르쳤다. 그의 연구 방법은 독특했다. '경험 표집법Experience Sampling Method'. 참가자들에게 삐삐(나중에는 스마트폰)를 주고, 하루에 여러 번 무작위로 알림을 보냈다. 알림이 울리면 참가자는 그 순간 무엇을 하고 있는지, 어떤 기분인지, 얼마나 집중하고 있는지 기록했다. 수천 명의 데이터가 모였다. 예술가, 운동선수, 노동자, 학생. 전 세계 다양한 문화. 패턴이 나타났다. 사람들이 가장 행복하다고 보고한 순간은 쉴 때가 아니었다. TV 볼 때가 아니었다. 완전히 몰입해 있을 때였다.

"최고의 순간은 보통 수동적이고 편안한 상태에서 오지 않는다. 어렵고 가치 있는 무언가를 성취하기 위해 자발적으로 노력할 때 온다."

—『몰입』

몰입이란 무엇인가

....

칙센트미하이는 몰입을 이렇게 정의한다.

"플로우란 어떤 활동에 완전히 몰두해서 다른 모든 것이 중요하지 않게 되는 상태다. 경험 자체가 너무 즐거워서 큰 대가를 치르더라도 그것을 하게 된다."

—『몰입』

몰입의 8가지 특징

....

칙센트미하이는 몰입 상태의 공통적 특징을 정리했다.

1	명확한 목표	무엇을 해야 하는지 안다. 체스 선수는 이기려 한다. 외과의사는 수술을 완료하려 한다. 목표가 분명하다.
2	즉각적인 피드백	잘하고 있는지 즉시 안다. 음악가는 소리를 듣는다. 암벽 등반가는 손이 미끄러지는지 느낀다. 결과가 실시간으로 돌아온다.
3	도전과 기술의 균형	활동이 너무 쉬우면 지루하다. 너무 어려우면 불안하다. 내 실력에 딱 맞는 난이도일 때 몰입한다.
4	행동과 인식의 융합	생각과 행동이 하나가 된다. 분석하지 않는다. 그냥 한다. 몸과 마음이 하나다.
5	주의 집중	방해 요소가 사라진다. 걱정도, 다른 생각이 없다. 오직 지금 이것뿐이다.
6	통제감	상황을 통제하고 있다는 느낌이 있다. 불확실성이 있지만 다룰 수 있다고 느낀다.
7	자의식의 상실	'나'가 사라진다. 자기 평가도, 자기 의식이 없다. 에고가 녹는다.
8	시간 감각의 변형	시간이 빨리 가거나 느리게 간다. 몇 시간이 몇 분처럼 느껴진다. 또는 몇 초가 영원처럼 늘어난다.

최근에 시간 가는 줄 모르고 무언가에 빠져든 적이 있는가? 그것이 몰입이다. 그 순간 위의 특징 중 몇 가지를 느꼈는지 떠올려보라.

몰입 채널: 도전과 기술의 균형

....

칙센트미하이의 가장 유명한 개념이다. 몰입은 아무 때나 일어나지 않는다. 특정 조건에서 일어난다.

몰입 채널Flow Channel

두 가지 변수가 있다.

- 도전Challenge: 활동의 난이도
- 기술Skill: 나의 능력 수준

이 둘의 관계가 경험을 결정한다.

도전	기술	결과
높음	낮음	불안Anxiety
낮음	높음	지루함Boredom
낮음	낮음	무관심Apathy
높음	높음	몰입Flow

불안 영역

도전이 높은데 기술이 낮다. 감당이 안 된다. 초보자가 상급 스키 슬로프에 서면 어떨까. 공포와 불안. 즐거움은 없다.

지루함 영역

기술이 높은데 도전이 낮다. 너무 쉽다. 프로 체스 선수가 초보자와 두면 어떨까. 지루하다. 집중이 안 된다.

무관심 영역

도전도 낮고 기술도 낮다. 별로 중요하지 않다. 의미 없는 단순 작업. 관심 자체가 없다.

몰입 영역

도전과 기술이 모두 높고, 균형이 맞는다. 최적의 경험이다. 숙련된 외과의사가 복잡한 수술을 한다. 어렵지만 할 수 있다. 완전히 몰입한다.

몰입은 동적이다

....

같은 활동도 시간이 지나면 변한다. 테니스를 배운다고 하자. 처음에는 공 넘기기도 어렵다. 도전은 높고 기술은 낮다. 불안하다. 연습한다. 기술이 올라간다. 어느 순간 균형이 맞는다. 몰입한다. 더 연습한다. 기술이 더 올라간다. 같은 상대가 쉬워진다. 지루해진다. 다시 몰입하려면? 더 어려운 도전이 필요하다. 더 강한 상대. 더 복잡한 기술. 이것이 성장의 동력이다. 몰입을 유지하려면 계속 발전해야 한다.

지루하다면, 도전 목표를 높여라. 불안하다면, 기술을 키우거나 도전 목표를 낮춰라.
몰입의 채널을 찾아라. 당신의 기술 수준에 맞는 적절한 도전을.

자기목적적 경험: 그 자체가 보상이다

....

몰입의 핵심적 특성이 있다. 자기목적적 Autotelic 경험이다.
'Autotelic'은 그리스어에서 왔다. Auto(자기) + Telos(목적). 활동 자체
가 목적이라는 뜻이다.

"자기목적적 활동이란 미래의 어떤 이익을 기대해서가 아니라,
단순히 그것을 하는 것 자체가 보상이기 때문에 하는 자족적 활
동을 의미한다."

— 『몰입』

외적 동기 vs 내적 동기

외적 동기는 돈, 명예, 인정, 포상을 위해 하는 것이다. 내적 동기
는 하는 것 자체가 좋아서 하는 것이다. 몰입은 내적 동기에서 온다.
물론 외적 보상도 있을 수 있다. 하지만 몰입 상태에서는 외적 보상

이 중요하지 않다. 활동 자체의 즐거움이 압도한다.

자기목적적 성격

칙센트미하이는 '자기목적적 성격Autotelic Personality'을 가진 사람들을 연구했다. 그들의 특징은 무엇이었을까? 일상에서 더 자주 몰입을 경험한다. 같은 상황에서 더 많은 즐거움을 찾는다. 호기심이 강하다. 끈기가 있다. 자의식에 덜 사로잡힌다. 내적 동기가 강하다. 이런 성격은 개발할 수 있다. 몰입을 자주 경험할수록 더 자기목적적인 사람이 된다.

INSIGHT

당신이 하는 일 중 "그 자체로 좋아서" 하는 것이 무엇인가? 돈이나 인정 없이도 할 것이 무엇인가? 그것을 찾아라. 그것이 몰입의 원천이다.

몰입의 역설: 일할 때 더 행복하다

....

칙센트미하이의 경험 표집 연구는 놀라운 역설을 발견했다. 우리의 예상과 실제 경험이 정반대라는 것이다.

예상과 다른 현실

사람들에게 물으면 대부분 이렇게 대답한다. 여가 시간, 휴식, 휴가를 보낼 때 가장 행복할 것 같다고. 일은 괴롭고, 쉬는 시간이 즐겁다고. 하지만 실제로 경험을 추적하자 결과는 정반대였다. 사람들은 일할 때 몰입을 더 자주 경험했다. 여가 시간에는 오히려 지루함과 불안을 더 많이 느꼈다. 왜 이런 역설이 일어나는가?

일이 가진 몰입의 조건

일은 태생적으로 몰입의 조건을 갖추고 있다. 대부분의 직업은 명확한 목표를 제공한다. 오늘 처리해야 할 업무, 완성해야 할 프로젝트, 해결해야 할 문제가 분명하다. 즉각적인 피드백도 따라온다. 고객의 반응, 상사의 평가, 완성된 결과물을 통해 자신이 잘하고 있는지 바로 알 수 있다. 많은 일들이 도전과 기술의 균형을 요구한다. 그리고 일은 집중을 강제한다. 주의를 흩트리면 일을 할 수 없다. 반면 여가는 구조가 없다. 퇴근 후 집에 돌아와 "뭐 하지?" 하고 멍하니 소파에 앉는다. 목표가 불분명하다. 피드백도 없다. 도전도 없다. TV 리모컨을 집어 드는 순간, 정신은 수동 모드로 전환된다. 집중이 필요 없다. 그저 화면이 주는 대로 받아들일 뿐이다.

TV의 역설

사람들이 여가 시간에 가장 많이 하는 활동은 TV 시청이다. 스마트폰으로 영상을 보는 것도 마찬가지다. 그런데 역설적이게도 TV를 볼 때 사람들의 행복도는 낮다. 경험 표집 연구에서 TV를 시청하는 동안 사람들은 지루함, 무감각, 때로는 우울함을 보고했다. 그런데도 왜 계속 TV를 보는가? 쉽기 때문이다. 노력이 들지 않기 때문이다. 버튼 하나만 누르면 된다. 생각할 필요도, 기술을 쓸 필요도, 도전을 받아들일 필요도 없다. 편하다. 하지만 만족스럽지는 않다. 반대로 악기 연주, 운동, 정원 가꾸기, 요리 같은 능동적 여가는 노력이 든다. 시작하기가 귀찮다. 하지만 일단 시작하면 몰입이 일어나고, 만족도가 훨씬 높다. 칙센트미하이는 이를 '수동적 여가'와 '능동적 여가'의 차이로 설명했다.

"수동적 여가는 엔트로피 상태로 빠지게 한다. 정신이 무질서해진다. 능동적 여가는 의식을 정돈하고 몰입을 가능하게 한다."

— 칙센트미하이

일의 역설

사람들은 일할 때 실제로 몰입을 경험하면서도, 입으로는 "일하기 싫다"고 말한다. 경험 표집 연구에서 신호음이 울린다. "지금 무엇을 하고 있습니까? 기분이 어떻습니까?" 일하는 중이라고 답하며 몰입 중이라고 보고한다. 좋다고 말한다. 도전적이고 의미 있다고 느낀다. 그런데 같은 사람에게 설문지를 준다. "일하는 것을 좋아합니까?" 대답은 "아니요"다. "쉬고 싶어요." "휴가 가고 싶어요." "일 안 하고 싶어요."

왜 이런 모순이 생기는가? 칙센트미하이는 문화적 믿음 때문이라고 지적했다. 우리는 "일은 괴롭고 여가는 즐겁다"는 고정관념을 너무 깊이 내면화했다. 실제 경험이 믿음과 다른데도, 믿음이 경험을 덮어버린다. 우리는 스스로가 느끼는 것보다 문화가 가르친 것을 더 믿는다.

행복을 "쉬는 것"에서만 찾지 마라. 일에서도 몰입을 찾을 수 있다. 그리고 여가를 수동적으로 보내면 오히려 덜 행복하다. 능동적 여가, 도전이 있는 여가를 설계하라.

몰입을 방해하는 것들

....

몰입은 강력하지만 취약하다. 깨지기 쉽다. 그리고 분명한 적들이 있다. 적을 알아야 방어할 수 있다.

1. 외부 방해: 집중의 파괴자

카톡 알림이 뜬다. 전화가 온다. 동료가 말을 건다. 순식간에 집중이 깨진다. 방금까지 몰입하고 있던 세계에서 팅겨 나온다. 문제는 단순히 몇 초를 잃는 것이 아니다. 연구에 따르면 몰입 상태에 들어가려면 약 15분의 워밍업 시간이 필요하다. 정신을 과제에 집중시키고, 관련 없는 생각들을 밀어내고, 깊은 집중 상태로 진입하는 데 그만큼 걸린다. 방해를 받으면 어떻게 되는가? 처음부터 다시 시작해야 한다. 하루에 다섯 번 방해받으면 75분의 워밍업 시간을 잃는다. 실제 몰입은 거의 일어나지 않는다.

대책: 방해받지 않는 시간과 공간을 확보하라. 스마트폰을 다른 방에 두거나 알림을 완전히 꺼라. "방해 금지" 신호를 만들어라. 헤드폰을 쓰거나 문을 닫거나 특정 시간대를 '집중 시간'으로 선언하라. 주변 사람들에게도 알려라. "이 시간에는 말 걸지 마세요."

2. 내부 방해: 정신의 소음

때로는 외부가 아니라 내부에서 방해가 온다. 걱정과 불안이다. 마음이 다른 곳을 배회한다. 어제 있었던 말다툼, 내일 있을 발표, 끝나지 않는 자기 평가. "나는 왜 이렇게 못하지?" "이거 해서 뭐가 되나?" "다른 사람들은 다 잘하는데." 몰입은 현재에 있을 때만 일어난다. 정신이 과거나 미래에 머물면 불가능하다. 생각이 분산되어 있으면 집중할 에너지가 남지 않는다.

대책: 마음챙김을 연습하라. 생각이 딴 데로 갈 때마다 현재로 돌아오는 연습이다. 걱정이 계속 떠오른다면 종이에 적어두고 나중에 처리하겠다고 약속하라. 정신에게 말하는 것이다. "알았어, 나중에 생각할게. 지금은 이거에 집중할게." 대부분의 걱정은 지금 당장 해

결할 수 있는 것이 아니다. 미뤄둬도 괜찮다.

3. 자의식 과잉: '나'라는 방해꾼

"내가 지금 잘하고 있나?" "남들이 나를 어떻게 볼까?" "실패하면 어쩌지?" 자기 자신을 과도하게 의식하는 순간, 몰입은 깨진다. 자의식은 몰입의 적이다. 몰입 상태에서는 오히려 '나'가 사라진다. 자기의식이 녹아 없어지고, 행위와 의식이 하나가 된다. 피아노를 치는 '나'와 피아노 치는 '행위'가 분리되지 않는다. 그냥 음악이 흐른다. 그런데 자의식이 끼어들면 분리가 시작된다. "내가 지금 잘 치고 있나?" 하는 순간, '나'와 '치는 것'이 갈라진다. 관찰자가 생신나. 평가가 시작된다. 몰입은 끝난다.

대책: 결과보다 과정에 집중하라. 평가를 나중으로 미뤄라. 지금은 그냥 하는 것이다. 판단은 나중에 해도 된다. 실패해도 괜찮다는 마음을 가져라. 완벽하지 않아도 된다. 배우는 중이다. 과정 자체가 목적이다.

4. 무력감과 지루함: 균형의 상실

앞서 본 것처럼 도전과 기술의 불균형은 몰입을 방해한다. 도전이 너무 높으면 불안하다. 너무 낮으면 지루하다. 둘 다 몰입의 적이다. 불안할 때는 무력감을 느낀다. "나는 이걸 못해. 너무 어려워." 정신이 위축된다. 도망치고 싶어진다. 지루할 때는 무감각해진다. "이게 뭐라고. 시간 낭비야." 정신이 다른 곳을 찾아 방황한다.

대책: 도전 수준을 조절하라. 너무 쉬우면 스스로 난이도를 높여라. 제약을 추가하거나 더 빠르게 하거나 더 정교하게 만들어라. 너무 어려우면 작은 단계로 쪼개거나 기술을 먼저 연습하거나 도움을 구하라. 균형점을 계속 찾아 움직여라.

5. 멀티태스킹: 집중의 분산

이메일을 확인하면서 보고서를 쓴다. 유튜브를 켜놓고 공부한다. 여러 탭을 동시에 열어둔다. 효율적인 것처럼 보이지만 사실은 정반대다. 여러 가지를 동시에 하면 몰입이 불가능하다. 집중이 분산되기 때문이다. 뇌는 실제로 동시에 처리하는 것이 아니라 빠르게 전환하는 것이다. 전환할 때마다 에너지를 잃는다. 어느 것에도 깊이 들어가지 못한다.

대책: 한 번에 하나만 하라. 싱글태스킹이다. 한 가지 일을 시작하면 그것만 한다. 다른 탭을 닫고 다른 앱을 끄고 다른 생각을 밀어낸다. 오직 하나. 그것이 끝나면 다음으로 넘어간다. 단순해 보이지만 이것이 가장 효과적이다.

몰입과 행복: 삶의 질을 결정하는 것

....

칙센트미하이의 연구는 한 가지 궁극적 메시지로 수렴된다. 몰입이 행복을 만든다는 것이다.

행복의 패러독스

흥미로운 역설이 있다. 행복을 직접 추구하면 잡히지 않는다. "나는 행복해질 거야"라고 다짐한다. 행복을 목표로 삼는다. 행복해지려고 애쓴다. 그런데 애쓸수록 행복은 멀어진다. 왜 그런가? 행복은 직접적인 목표가 아니기 때문이다. 행복은 부산물이다. 무언가에 완전히 몰입할 때, 의도하지 않았는데 자연스럽게 따라오는 것이다.

"우리 삶의 모든 세부사항에, 좋든 나쁘든, 완전히 몰입함으로써 행복을 찾는 것이지, 행복을 직접 찾으려 해서 찾는 것이 아니다."

— 『플로우』

당신이 가장 행복했던 순간은 언제인가? 아마도 "행복해야지" 하고 생각하던 때가 아닐 것이다. 무언가에 완전히 빠져 있던 때일 것이다. 좋아하는 사람과 대화에 푹 빠졌을 때. 어려운 문제를 풀다가 해답을 찾았을 때. 창작에 몰두하다가 시간 가는 줄 몰랐을 때. 행복은 몰입의 그림자처럼 따라온다.

의식의 질서

칙센트미하이는 '의식의 질서^{Order in Consciousness}'라는 개념을 제시한다. 행복의 진짜 정체를 설명하는 개념이다. 평소 우리 의식은 어떤 상태인가? 혼란스럽다. 여러 생각이 떠다닌다. 어제의 실수, 내일의 걱정, 끝나지 않는 할 일 목록, 자기 의심, 후회, 불안… 정신이 여기저기 돌아다닌다. 물리학 용어로 표현하면 엔트로피 상태다. 무질서하고 혼란스러운 상태. 그런데 몰입이 일어나면 어떻게 되는가? 의식이 질서 있게 변한다. 모든 주의가 한 방향으로 정렬된다. 관련 없는 생각들이 사라진다. 정신 에너지가 한곳으로 모인다. 물리학 용어로는 네겐트로피^{Negentropy}. 질서 상태다. 이 질서 상태가 좋은 느낌을 만든다. 명료함. 통제감. 통합감. 우리가 '행복'이라고 부르는 것의 정체는 바로 이 의식의 질서다. 정신이 한 방향으로 흐를 때, 우리는 좋다고 느낀다.

최적 경험의 축적

삶의 질은 무엇으로 결정되는가? 칙센트미하이의 답은 명확하다. 최적 경험, 즉 몰입 경험의 축적이다. 매일 몰입을 경험하는 사람을 상상해보라. 일에서, 취미에서, 대화에서, 운동에서 몰입을 찾는다. 하루에도 몇 번씩 그 상태로 들어간다. 반대로 거의 몰입을 경험하지 못하는 사람을 상상해보라. 일은 지루하고, 여가는 TV 앞에서 무감각하게 보내고, 정신은 항상 산만하다. 10년 후 두 사람의 삶의 질은 어떻게 다를까? 완전히 다르다. 몰입을 자주 경험하는 사람은 기술이 향상된다. 기술이 향상되면 더 높은 도전이 가능해진다. 더 높은 도전은 더 깊은 몰입을 만든다. 신순환이나. 반면 몰입을 경험하지 못하는 사람은 정체된다. 기술도 늘지 않고, 도전도 하지 않고, 같은 지루함이 반복된다. 악순환이다.

"삶을 개선한다는 것은 경험의 질을 개선하는 것을 의미한다. 다른 사람들이 어떻게 생각하는지나 우리가 무엇을 소유했는지가 아니라, 우리가 우리 자신에 대해 어떻게 느끼는지에 관한 것이다."

— 『플로우』

행복은 먼 미래의 목표가 아니다. 매일의 경험이다. 오늘 몰입을 경험했는가? 그것이 오늘의 행복이고, 쌓이면 삶의 행복이 된다.

몰입하는 삶: 자기목적적 삶

....

칙센트미하이는 궁극적 목표를 제시한다. 산발적으로 몰입을 경험하는 것을 넘어서, 삶 전체를 몰입 경험으로 만드는 것이다. 한 시간 몰입하고 나머지 시간은 표류하는 삶이 있다. 삶 전체가 하나의 흐름으로 이어지는 삶이 있다. 둘은 완전히 다르다. 어떻게 후자가 가능한가? 핵심은 삶의 테마를 찾는 것이다. 당신이 진정으로 추구하는 것. 당신을 움직이는 것. 당신이 의미 있다고 느끼는 것. 그 테마가 명확하고 일관되면, 삶의 서로 다른 영역들이 하나로 연결된다. 삶 전체가 하나의 몰입이 된다. 과학자를 생각해보라. 그의 삶의 테마는 진리 탐구다. 연구실에서 실험할 때 몰입한다. 학생들을 가르칠 때도 같은 테마를 나눈다. 책을 읽을 때도 지식을 쌓는다. 동료와 대화할 때도 아이디어를 교환한다. 산책할 때도 문제를 곰곰이 생각한다.

삶의 모든 활동이 하나의 테마로 엮인다. 따로 노는 것이 없다. 전부가 의미 있다. 예술가도 마찬가지다. 아름다움의 창조라는 테마. 작업할 때는 물론이고, 세상을 관찰할 때도 색과 형태를 본다. 경험하는 모든 것이 작품의 재료가 된다. 여행도, 대화도, 심지어 고통도 창작의 일부가 된다. 삶과 예술이 분리되지 않는다. 테마가 있으면 선택이 명확해진다. "이것이 내 테마와 맞는가?" 맞으면 한다. 안 맞으면 하지 않는다. 에너지가 분산되지 않는다. 삶이 통합된다.

자기목적적 자아

궁극적으로 자기목적적 자아^{Autotelic Self}가 되는 것이다. 칙센트미하이가 제시하는 최고 경지다. 자기목적적 자아란 무엇인가? 외부 보상에 의존하지 않는 사람이다. 활동 자체에서 의미를 찾는다. 어떤 상황에서도 몰입을 만들어낸다. 환경이 그를 통제하지 않는다. 그가 환경을 경험으로 변환한다. 연구에 따르면 감옥과 같은 극한 상황에서도 어떤 사람들은 몰입을 찾았다. 운동으로, 명상으로, 글쓰기로, 심지어 상상으로. 돌 하나를 주워 관찰의 대상으로 삼았다. 머릿속에서 체스를 뒀다. 시를 외우고 새로 지었다. 환경이 아닌 내면이 경험을 결징했다.

환경은 똑같았다. 차이는 내면이었다. 어떤 사람들은 환경이 경험을 결정하게 내버려뒀다. "나는 갇혔다. 할 수 있는 게 없다. 끝났다." 그들은 무너졌다. 어떤 사람들은 스스로 경험을 만들었다. "환경은 이렇지만, 나는 내 의식을 통제할 수 있다. 여기서도 의미를 찾을 수 있다." 그들은 살아남았다. 때로는 성장하기까지 했다.

> "자기목적적 자아는 잠재적으로 무질서한^{entropic} 경험을 플로우로 변환한다."
>
> —『플로우』

자기목적적 자아는 선택의 문제다. 타고나는 것이 아니라 만들어지는 것이다. 매일 조금씩 연습할 수 있다. 지루한 일에서 도전을 찾아본다. 어려운 상황에서 배울 점을 찾아본다. 불쾌한 경험도 흥미로운 관찰 대상으로 삼아본다. 그렇게 조금씩, 외부 의존에서 내부 통제로 옮겨간다. 삶은 결국 의식의 내용이다. 같은 하루를 살아도, 어떤 의식으로 사느냐에 따라 경험이 완전히 다르다. 자기목적적 자아는 이것을 깨달은 사람이다. 그리고 그 깨달음으로 삶을 설계하는 사람이다.

비판과 한계

....

몰입 이론에도 비판이 있다.

비판1: 측정의 어려움

몰입은 본질적으로 주관적 경험이다. 객관적으로 측정하기 어렵다. 대부분의 연구가 자기 보고 방식에 의존할 수밖에 없다. 개인의 주관과 기억의 왜곡에 영향을 받기 쉽다.

비판2: 중독과의 구분

게임 중독자도 "시간 가는 줄 몰랐다"고 말한다. 그렇다면 이것도 몰입인가? 칙센트미하이는 진정한 몰입과 중독을 구분하려 했다. 진정한 몰입은 기술의 발전과 복잡성의 증가를 동반한다. 성장이 있다. 반면 중독은 같은 수준의 쾌락만 반복한다. 성장이 없다. 하지만 실제로는 이 경계가 모호할 때가 많다. 프로게이머의 연습과 게임 중독자의 플레이를 어떻게 구분할 것인가?

비판3: 개인차 무시

어떤 사람은 쉽게 몰입에 들어간다. 어떤 사람은 아무리 노력해도 어렵다. 성격의 차이일 수 있다. 환경의 차이일 수 있다. 신경학적 차이일 수도 있다. ADHD를 가진 사람이나 만성적인 불안을 겪는 사람에게 "몰입하면 행복해진다"는 조언은 공허하게 들릴 수 있다.

비판4: 문화적 편향

칙센트미하이의 연구는 주로 서양 문화권에서 이루어졌다. 개인적 성취와 자기실현을 강조하는 문화를 배경으로 한다. 집단주의 문화권에서 몰입의 경험과 의미는 다를 수 있다. 개인의 기술 향상보다 공동체와의 조화가 더 중요한 가치일 수 있기 때문이다.

비판5: 과잉 몰입

몰입이 항상 바람직한 것일까? 일에 과도하게 몰입하면 가족 관계가 무너진다. 번아웃에 이를 수 있다. 칙센트미하이의 이론은 몰입을 긍정적으로만 바라보지만, 실제 삶에서는 몰입과 휴식, 집중과 여백 사이의 균형이 필요하다.

그럼에도 이 이론은 인간의 최적 경험을 설명하는 가장 설득력 있는 틀 중 하나다. 몰입은 삶을 더 의미 있게 만들기 위한 실천적 개념이다. 핵심은 이론의 흠을 찾는 것이 아니라, 어떻게 적용하느냐에 있다.

몰입을 설계하라 : 칙센트미하이의 몰입 설계술

....

내일 아침, 당신은 일어난다. 하루가 시작된다. 일, 집안일, 이동, 식사, 여가… 대부분의 시간을 흘러가게 내버려둘 수 있다. TV를 보고, 스마트폰을 스크롤하고, 지루해하고, 불안해하면서. 또는 몰입을 설계할 수 있다. 하루에 몇 번의 몰입을 경험하느냐. 그것이 삶의 질을 결정한다. 행복은 찾는 것이 아니다. 만드는 것이다. 몰입이 그 방법이다. 당신은 오늘 언제 몰입했는가? 내일은 언제 몰입할 것인가?

- 『몰입』 칙센트미하이의 대표작, 몰입 이론의 원전   난이도 ★★☆☆☆
- 『창의성의 즐거움』 창의적 인물들의 몰입 경험 연구   난이도 ★★☆☆☆

Mihaly
Csikszentmihalyi

세계 석학 선집

훔친 심리학편

ⓒ 이클립스

초판 1쇄 인쇄 2026년 1월 30일

지은이 이클립스
기　획 조영훈
편　집 조영훈
디자인 김지혜
마케팅 정호윤, 김민지
펴낸곳 모티브
이메일 motive@billionairecorp.com

ISBN 979-11-94600-99-2 (03180)